聖嚴法師

華嚴心詮

原人論考釋

自序

在現在的佛教學者之中，有三位教授是研究宗密的專家，他們都是我多年的朋友，那便是旅居加拿大的冉雲華，前幾年（西元二〇〇一年）才過世的日本東京大學鎌田茂雄，以及美國的彼德．格雷戈里（Prof. Peter Gregory），第三位所寫的博士論文就是《原人論》研究。他們每次跟我見面，多多少少都會向我提起圭峰宗密。而且，凡是研究中國佛教史，特別是研究中國禪宗史的著作，不會有人不去引用宗密的著作。

宗密思想，對於近一千二百年以來的東亞佛教，影響極為深遠，不僅中國，也影響了韓國的高麗佛教及李朝佛教，還有日本的鎌倉佛教。

在中國，對於宗密提倡三教融合論的《原人論》，雖然研究弘傳的人不多，但在論主的五教判之中，納入人天教，並收攝儒、道二教，影響卻極深遠，乃至到了二十世紀的太虛大師，將佛法判為五乘三等：五乘共法、三乘共法、大乘不共法，於五乘中，皆以人天乘為基礎；太虛大師所說「人成佛即成」之思想，亦以此為著眼點，似乎即是受到《原人論》五教判的影響，這不也就是我們提倡人間佛教及人間淨土的先驅嗎？

由於我有三位研究宗密的學者朋友，當我寫完一系列明末佛教的研究之後，為使漢傳佛教的現代化和普及化，也打算從事宗密的研究，因他研究佛學，深入義海，撰著不輟，動機都在希望當時的教內外學者們，正確而全盤地認識佛教，不要由於誤解而互相毀誹。他不僅主張佛教是整體的，也主張外教是可以會通佛教的。只要調理得法，層次分明，各盡其分，各得其所，前前可會後後，後後可通前前，這是《原人論》依據《大乘起信論》之理論架構，所提出的主張。

我雖淺聞寡學，無法與宗密相提並論，唯我一生的閱讀撰著和講述，所秉態度，亦非僅為學問而學問，或者僅為研究而研究。若無實用，我便無暇去做，若有實用需求，雖無先例可循，我亦會依據正確的佛法知見，假立平易近人的名相。縱有迂學守墨之徒，譏我少學無知，我亦不會介意。我從宗密諸書之中，在這方面，也得到不少鼓舞。

我雖未曾公開講解過《原人論》，但在我的行囊中，卻常攜帶著這一卷短論，總以為隨時可以拿出來講說，拿出來註釋，結果一者由於事多體弱，心力不濟，二者由於此論的文字雖僅四千九百字左右，內容則涉及儒、道、釋三大主流的哲學思想。論主精通儒、道二教，足與當時的大儒匹敵，甚至有過之而無不及，故其所論，都是儒、道二教的癢處、痛處。論主尤其是一位熟讀印度大乘諸派論書，貫通大、小三乘，綜理性、相二宗的大師，對於般若中觀、唯識瑜伽、佛性如來藏，以及毘尼律藏，幾乎無所不精，堪稱為博通內外諸家的三藏法師。因此，我就遲遲不敢貿然下筆了。但是，應該要做，必須有人來做的事，卻少有人做，怎麼辦呢？

如今，我已是七十六歲高齡的老僧，雖仍自知力猶未逮，但若再不動筆，恐怕已經沒有機緣了。因為此論是站在漢傳佛教的立足點上，統攝諸宗，融合內外，有其消融性及包容性的示範功能。今後的世界佛教趨勢，必定要從消融性及包容性的視角，來完成回歸佛陀本懷的整體性。

於是，我在撰著本書的考釋之中，每每會提出我對於論主的親切感受，並與今日的佛教所需而做詮釋。例如我對印順長老（西元一九〇六—二〇〇五年）所判的印度大乘三系之說，在服膺感戴之餘，也有自己的看法；對於《原人論》會通了唯識唯心之見，除了欽服讚歎，亦持有不同的想法。目的是為緬懷釋尊化世的悲心，是為誘導諸種根性的眾生，離生死煩惱的苦海，而登無生無滅的彼岸。在不同的時代，有不同的視角，古人與今人，大家都是為了佛教普及人間而擔負了共同的任務。

《原人論》是一部大格局、大架構的佛學導論，論主撰寫它的目的，是對儒道二家、佛教的人天善法、小乘法、大乘的法相宗、中觀學派，一一評論，逐層引導，最後攝歸於直顯一乘的佛性如來藏；乃是會通世間出世間的各派宗教、各派哲學、各派佛教的差異點，而成其一家之說。我的任務，是將內外大小的各家觀點，中觀、瑜伽、如來藏三系的思想脈絡，一一查出原委，一一予以貫通，一一釐清其思想史的軌跡，一一還歸其功能作用，一一導歸於佛陀的本懷。

至於如何閱讀這一冊考釋？我的建議是，可以順著緒論、本編，依次閱讀，也可以先看語體譯文，再看分段標點的《原人論》文本，對照著看，大概已可明瞭全論的文義。然後逐章逐節分別閱覽總計九十七條的考釋，這是我花費時間和心力較多的部分，除了對於名相語句的解釋，主要是考察其出典、申論其義理、照顧其前後文義，反覆指出《原人論》的宗旨所在。故在全書之中，有些文獻資料，及特定的法相名詞，被我一用再用，用意亦在於此。回過頭來，再看本書的緒論，以明《華嚴經》及華嚴宗的思想脈絡和傳流過程。

在中國佛教史上，有關《原人論》的文獻不多，《全唐文》卷七四三收有裴休的〈華嚴原人論序〉；《卍續藏》中則見到三種：宋朝的淨源述《華嚴原人論發微錄》三卷，元朝的圓覺述《華嚴原人論解》三卷，以及明朝的楊嘉祚依圓覺《解》刪合成為《華嚴原人論合解》二卷。另有明末永曆年間的宜道，撰有《原人（論）發微錄訓蒙記》四卷，現存於日本的大正、大谷、龍谷諸大學。

依據日本《佛書解說大辭典》所載，中、日兩國撰述的《原人論》註釋科判，達五十一目；近人鎌田茂雄以日本現代語寫的《原人論》譯註之介紹，在日本，自萬治四年（西元一六六一年）迄大正十一年（西元一九二二年）之間，刊印的《原人論》註釋書，包括中國人的七種在內，共有二十三種。特別是明治十年至四十三年（西元一八七七—一九一〇年）之間，講解的人最多，也許是在明治天皇推行維新，實施神佛分離及廢佛毀釋的政策之後，佛教徒們在危機感的驅使下，便重視《原人論》，因為這部書富有會通內外、融合萬流的功能罷！若以中國與之相比較，有清一代迄於目前為止的三百五十年間，尚無有人認真討論過《原人論》。不過在近數十年間，中國人中也有幾位研究華嚴的學者，是哪些人呢？可以從陳英善博士著《華嚴無盡法界緣起論》的附錄參考書目中，獲得大致的訊息。

本書為何又名為「華嚴心詮」？因為《華嚴經》及華嚴學，都是圍繞著佛心、眾生心的主題，說明如何是「心佛及眾生，是三無差別」，為何眾生還是眾生、諸佛已是諸佛？為什麼《華嚴經》要說「初發心時，便成正覺」？為何又說「三界虛妄，但是心作」？又云「若人欲求知，三世一切佛，應當如是觀，心造諸如來」？而《原人論》所特別倚重的《起信論》，則明言以一心開出真如及生滅之二門，如何使得眾生由生滅門而回歸真如門？此心究竟是有是空？是真常是實空？便是本書要討論的。

現在此書，是我於非常忙碌的時日之中，一頁半頁地寫出來的，其間又分為兩次，都是穿梭臺北，停留在紐約之時，初次是二〇〇四年十一月中旬至十二月下旬，再次是二〇〇五年五月下旬至六月下旬，於主持四個為期各十天的禪修及兼顧城內城外的弘講、處理臺灣傳真文件等法務、事務之餘，寫寫停停，到今天為止，總算完成了初稿。老眼昏花，手腳痠軟，單是搬書翻書，已經很累，所以啟請來賢，若發現疏漏失誤之處，惠予指正。同時也要在此謝謝姚果莊的電腦打字，果徹的校讀，以及法鼓文化果毅等編輯群的協助出版。

二〇〇五年六月二十九日聖嚴序於紐約象岡道場

目錄

本編

《原人論》考釋

附錄

前編

緒論

第一章　華嚴學

華嚴學的範圍很廣，應該包括《華嚴經》的組織、成立、思想、翻譯，華嚴宗的成立、演變、及其影響。嚴格地說，我雖在西元一九八一至一九八二年之間，於陽明山中國文化大學哲學研究所講過《華嚴法界觀門》，我的指導教授也是日本的華嚴學專家坂本幸男博士，我卻未曾深入研究華嚴學，只能算是一個關心華嚴學的人。現在因為要寫華嚴《原人論》的考釋，故對華嚴學，做一點概要性的介紹。

一、《華嚴經》的傳譯

現今的世界上留有四種代表性的《華嚴經》，其中三種是漢譯本：（一）東晉佛陀跋陀羅於西元四一八年譯出的《大方廣佛華嚴經》，三十四品計六十卷，略稱《六十華嚴》；（二）唐實叉難陀於西元六九九年譯出《大方廣佛華嚴經》，三十九品計八十卷，略稱《八十華嚴》；（三）唐般若於西元七九八年譯出《大方廣佛華嚴經》一品計四十卷，略稱《四十華嚴》。另一種藏譯本，則是第九世紀末，由勝友（Jinamitra）等譯出，名為《佛華嚴》的《大方廣經》，四十五品。

以上四種的第三種，實際上是由一、二種的〈入法界品〉及第四種的〈莖莊嚴品〉結合而成為〈入不思議解脫境界普賢行願品〉。因此，真正的大本《華嚴經》，只有以上所舉的第一、二、四共三種。但是大本型的《華嚴經》，已無法證明它們曾經有過梵文原典，現存的梵本中，只有相當於一、二、四種譯本中的〈十地品〉及〈入法界品〉（藏譯名〈莖莊嚴品〉）的部分。另在唐智儼，也就是華嚴二祖的《孔目章》載有「大慈恩寺華嚴梵本」，共有八會四十四品，計四萬一千九百八十頌餘十字（大正四十五，五八八上），沒有漢文譯本。若將以上諸種大本《華嚴經》的品目相互對照，發現也有多少出入及次第前後的不同，可知在梵文的編成及流傳過程中，已有若干變化。唯其主要的品目內容，大致還是相同的，而在以上四種大本之中，仍以晉譯的六十卷本為最古舊。

但是，經過現代學者們的研究結果，已知道在晉譯的六十卷本《華嚴經》成立之前，其諸品的梵文原貌，有數品曾經是個別獨立的經典，其中為首者則有〈十地品〉及〈入法界品〉，現在還存有其梵文本的 *Daśabhūmika-sūtra* 以及 *Gaṇḍavyūha-sūtra*，即是此二品的獨立經典。

同時，在晉譯六十卷本譯出漢文之前，從後漢的支婁迦讖於西元一七八至一八六年之間，譯《兜沙經》（相當《六十華嚴》的〈名號品〉及〈光明覺品〉）開始，即陸續地有吳之支謙於西元二二三至二五三年之間，譯出《菩薩本業經》（相當〈名號品〉、〈光明覺品〉、〈淨行品〉、〈十住品〉等），東晉祇多蜜譯出《菩薩十住經》（相當〈十住品〉），後秦鳩摩羅什及佛陀耶舍譯出《十住經》（相當〈十地品〉），西晉的竺法護，於泰始元年（西元二六五年）來到長安，譯出了一系列的華嚴部類經典，例如《漸備一切智德經》（〈十地品〉）、《等目菩薩經》（〈十定品〉）、《如來興顯經》（〈性起品〉）、《度世品經》（〈離世間品〉），另有曹魏安法賢譯出《羅摩伽經》（已失佚，相當〈入法界品〉）。尚有西秦聖堅譯《佛說羅摩伽經》三卷，現存於《大正藏經》第十冊（亦相當於〈入法界品〉）。由此可見，早期的梵本，大概先有華嚴部類的許多經典，然後陸續編集成為六十卷本、八十卷本、智儼所見的大慈恩寺梵本，以及藏語譯本之原本等的大本《華嚴經》了。依據近人木村清孝所著《中國華嚴思想史》（平樂寺書店一九九二年版）二十至二十二頁云：大本

《華嚴經》的梵文原貌，並未在印度流布過，然其曾被龍樹（約西元一五〇—二五〇年）的《大智度論》（有人說是西元三四四—四一三年間的羅什所造，印順長老仍主張龍樹造）所引，又被龍樹依據《十地經》初二兩地的經文造《十住毘婆沙論》，世親（約西元四〇〇—四八〇年）亦依《十地經》而造《十地經論》；並在堅慧的《寶性論》（第五世紀初）中引用了〈性起品〉，寂天（西元六五〇—七五〇年）的《大乘集菩薩學論》所引的《寶炬陀羅尼》，即相當於《華嚴》〈賢首品〉，以及所引《金剛幢經》，相當於《華嚴》〈十迴向品〉之一部分。由此可知，至少早在西元四、五世紀之時，乃至龍樹時代的二、三世紀之間，《華嚴經》的若干部分，已在印度流傳。

以上是當代日本學者們，運用梵文資料以及經典成立史的角度，考察研究所得的觀點。然在古傳說的諸文獻中，大家一向認知，大本《華嚴經》是龍樹菩薩時代就已有了。據《龍樹菩薩傳》的記載，龍樹於雪山塔中，會見一老比丘，授其摩訶衍經典；又說有大龍菩薩，接其入海，於宮殿中開七寶藏，發七寶函，以諸方等深奧經典、無上妙法，授予龍樹；又說他在南天竺弘化之際，嘗作優波提舍十萬偈等（大正五十，一八四中及下），但是並未明言即是《華嚴經》。然於法藏的《華嚴傳》卷一，便說：「此（《華嚴》）經在海龍王宮，六百餘年未傳於世，龍樹菩薩入龍宮，日見此淵府，誦之在心，將出傳授，因茲流布。」（大正五十一，一五三中）又云：「婆羅頗密多三藏云：西國相傳，龍樹從龍宮將經出已，遂造《大不思議論》，亦十萬頌。」又說：「《十住毘婆沙論》一十六卷，龍樹所造，釋〈十地品〉義，後秦耶舍三藏，口誦其文，共羅什法師譯出。」（大正五十一，一五六中）由此可知，有明確記載龍樹從龍宮誦出《華嚴經》的傳說，是始於法藏的《華嚴傳》，而且不是依據文獻資料，只是真諦三藏聞得西國印度的口傳。

二、《華嚴經》的內容

《華嚴經》的內容是什麼？若依學者們研究分析，雖說是一部由各別單行的經典編集而成，卻編得非常謹嚴，其組織架構、先後次第，並不重疊雜亂。就以晉譯六十卷本而言，全經共有四大項目，便是信、解、行、證。寂滅道場的兩品是起「信」；普光法堂的六品、忉利天宮的六品、夜摩天宮的四品、兜率天宮的三品、他化天宮的十一品，都是生「解」；普光法堂重會的〈離世間品〉，是實「行」；

最後重閣講堂的〈入法界品〉，是實「證」。

整部的內容，是說佛自證的法界，說初發信心之菩薩，開示菩薩道之出發點，說安住於菩薩心，說菩薩之利他行，說以自己之功德迴向眾生，說住持佛智、負荷眾生，說如大地之樹木以開示菩薩道，說菩薩之究竟即是佛地。

《華嚴經》的世界觀是無量無數不可思議的，稱為世界海、眾生海、法界業海、眾生的欲樂諸根海、一切三世諸佛海等等，可是，每一尊佛的佛身，都是遍滿一切十方世界，充滿於盡虛空界。《華嚴經》也是從基礎佛法著手扎根的，例如〈四諦品〉第四，便是宣說苦諦、苦集諦、苦滅諦、苦滅道諦。大乘佛教說到菩薩行位，共有五十二個階位，即是十信（《華嚴經》未明十信）、十住、十行、十迴向、十地、等覺、妙覺。淨信成就，即有廣大無邊之功德，即能該攝住、行、向、地四十位功德，所以主張「信滿成佛」，例如〈賢首品〉有云：「菩薩於生死，最初發心時，一向求菩提，堅固不可動，彼一念功德，深廣無邊際。」又云：「信為道元功德母，增長一切諸善法，除滅一切諸疑惑，示現開發無上道。」（大正九，四三二下至四三三上）這是因該果海的一個例子，比《大涅槃經》的眾生皆有佛性，更為積極，信心具足即成佛，是多麼可喜！

此與〈梵行品〉所云：「初發心時，便成正覺，知一切法，真實之性，具足慧身，不由他悟。」（大正九，四四九下）以及〈性起品〉的一微塵中，藏有大千經卷的譬喻，是彼此呼應的。這也正是《華嚴經》的根本思想之所在，縱橫於三世十方的一切時空，都是事事無礙、相即相入、一即一切、一切即一的，因中即已有果，果上亦不離因的。

《華嚴經》另一特色是十十無盡的數量論，任何一個項目，凡涉及數量之處，每每多用十數，例如菩薩行的階位是十個十個的遞相上升，從〈四諦品〉的苦滅道諦起，即有十個層次，第十是「十藏」，便是十無盡藏。此外有十種三昧、十種行法、十種波羅蜜、十方世界、十種身等等。又如〈佛不思議法品〉，云佛具足種種不思議事，總項舉了三十二種，每一種各有十種，其每一種又都是無量無邊。法藏（西元六四三—七一二年）便依據此一十十無盡的思想，而於《五教章》中說了法界緣起觀，亦名十玄門的十玄緣起。

現在介紹一下《華嚴經》中最古的部分〈十地品〉及〈入法界品〉的內容。從菩薩道的要義來看，從教理層面來看，這二品也都是《華嚴經》中最重要的部分。中國的地論宗，便是依據〈十地品〉的世親釋《十地經論》而成立的；華嚴宗亦係受此影響而成立的。這是金剛藏菩薩為解脫月菩薩，解釋何謂「諸佛之智地」，經云：「諸佛聖主道，微妙甚難解，非思量所得，唯智者行處。」又云：「諸佛所行處，清淨深寂滅，言說所難及，地行亦如是，說之猶尚難，何況以示人。」（大正九，五四四中）這也是《華嚴經》一貫的思想，便是「因分可說，果分不可說」。不過，雖有因果之分，卻是不一亦不二的；雖以修十波羅蜜配屬十地，卻也是不一亦不二的、是因果相涉的。

華嚴宗的「六相圓融」，依據亦是出於〈十地品〉所說：「一切菩薩所行，廣大無量，不可壞，無分別。諸波羅蜜所攝，諸地所淨，生諸助道法：總相、別相、有相、無相、有成、有壞（每一法皆具六相，每一相互攝六相，故名圓融）。一切菩薩所行諸地道，及諸波羅蜜本行，教化一切，令其受行，心得增長。」（大正九，五四五中及下）並且說菩薩發廣大願：「若眾生盡，我願乃盡」，眾生「實不可盡，……我諸願善根，亦不可盡。」（大正九，五四六上）

如此的菩薩誓願，在〈金剛幢菩薩品〉中，亦曾說到：「盡未來劫，代諸眾生，受無量苦。」（大正九，四八九下）的句子。此於《大般涅槃經》〈師子吼品〉，亦有類似的經文：「願我此身，悉代眾生，受大苦惱，眾生所有貧窮、下賤、破戒之心，貪瞋癡業，願皆悉來集于我身。」（大正十二，七八三中）可見〈十地品〉既是華嚴宗六相圓融論的依據，也是偉大菩薩行的依據，地藏菩薩的大悲願行，應該也是出於此二大經典的同一類型了。這雖是地上的法身大士所發弘願，然在「信滿成佛」的原則下，初發心菩薩，亦可學著做的。

尚有一種唯心緣起的思想，出處亦是〈十地品〉的第六現前地項下，經文是：「三界虛妄，但是心作。」（大正九，五五八下）這是華嚴學中的名句。又說十二因緣，皆依心起，經文是：「了達於三界，但從貪心有，知十二因緣，在於一心中，如是則生死，但從心而起，心若得滅者，生死則亦盡。」（大正九，五六〇上）這是說，三界原是虛妄心的顯現，十二因緣亦在此妄心之中，若能知道十二因緣構成的生死流轉是從妄心而生起的話，便當滅此妄心，妄心若滅，生死亦盡。三界生死既是唯心緣起，出離三界而成就佛果，亦是依此妄心處著力，妄心滅盡時，清淨真心現前，因此在〈夜摩天宮品〉要說：「若人欲求知，三世一切佛，應當如是觀，心造諸如來。」（大正九，四六六上）可見，三界生死，是唯心緣起，成等正覺，亦是唯心緣起。

至於〈入法界品〉，相當於《不思議解脫經》，亦名〈入不思議解脫境界普賢行願品〉。

先由普賢菩薩廣說師子奮迅三昧：法界等、虛空界等、三世等、一切眾生界等、一切劫等、一切業性等、眾生希望等、眾生欲等、法光明等、隨時教化等、一切眾生根等。「廣說一念中三世一切佛，出變化身，充滿一切法界。」「一一微塵中，顯現三世一切佛剎。」「一一毛孔，出三世一切佛大願海音……。」（大正九，六八三中）

接著由文殊菩薩，以偈讚歎云：「如來毛孔中，一切諸世界，微塵等佛剎，皆悉分別現。一切境界中，出生諸佛雲，無量善方便，度脫一切眾。」（大正九，六八六上）

如此地敘述不可思議境界之後，便有善財童子五十三參的故事登場了。文殊菩薩告知善財童子參訪的第一位善知識，是南方可樂國和合山的功德雲比丘，然後依次由前一位介紹後一位，直到再回到文殊菩薩座前，另見普賢菩薩。據學者們說，在五十五位善知識之中，到第四十一位止，是配合著信滿之後的十住、十行、十迴向、十地，乃是寄位修行相的善知識；自第四十二位的摩耶夫人以下的十一位，乃是會緣入實相的善知識；第五十三位彌勒菩薩，乃是攝德成因相善知識；第五十四位文殊菩薩，是智照無二相善知識；第五十五位普賢菩薩，是顯因廣大相善知識。在此五十五位善知識中，第四十四位的遍友童子師，未說一言，僅介紹其次一位善知眾藝童子；第五十一位的德生童子及第五十二位的有德童女，二人是在同一處；文殊菩薩則參見了二次。故依此計算起來，只有五十三參。

若以這五十四位善知識的身分之分類來看，共有十六類，即是菩薩、比丘、童子、童子師、海師、長者、醫師、婆羅門、外道、國王、道場地神、天、夜天、仙人、比丘尼、婦女。數量最多的是長者及婦女，各有十位；次多的是夜天，有八位；再次多的是菩薩及比丘，各有五位；童子三位；婆羅門及國王各二位；其餘的都是一位。這代表著什麼意思？學者們有不同的看法，至少是表現出《華嚴經》的菩薩世界，是廣泛地包含了各種年齡層次的、各種社會階級的、各種職業層面的、各種宗教領域的、各種信仰對象的，其中或男性或女性。強調女性身的菩薩之多，女人及女神，總數多達二十位。其中的良醫彌伽，是印度土著特拉維陀人；魚人海師，是賤民階級，在傳統的印度社會中，他們是沒有地位的，到了《華嚴經》中，卻也是大菩薩了。這些都是值得現代多元文化社會所重視的，而當時的《華嚴經》，就已經大力提倡了這種多元文化觀。

有關《華嚴經》的組織及其重點內容，有一冊於一九五七年日本春秋社出版的《華嚴經の世界》，著作者是末綱恕一，相當精簡扼要，可資參考。

三、《十地經》與《十地論》

依據日本學者高峰了州的《華嚴思想史》第三章第一、二節的論述，認為要想了解龍樹與《華嚴經》的關係，應該探討龍樹的根本思想《中論》所依的《般若經》與《十地經》及《不思議解脫經》（即是〈入法界品〉）之間的關係。若就《般若經》的十地，見於《大品般若經》的〈發趣品〉及〈深奧品〉，特別是敘述十地行法的〈發趣品〉，在十地之中的前五地是修消極的遠離行，第六地修六波羅蜜，第七地才修空觀與無生法忍。可是龍樹的《大智度論》卷五十所述十地行法的立場，是相近於《十地經》的，是主張大乘法中含有小乘，小乘之中不含大乘的。不像《般若經》的十地菩薩行法，是由一地再至一地逐地進修的。這一論點，相當值得注意的是，首先要承認《大智度論》是出於龍樹的作品。如果說另一部《十住毘婆沙論》的確也是龍樹所造，則其本身就是《華嚴經》〈十地品〉中初地至第二地的釋義。但是依據平川彰教授的研究，《大智度論》與《十住論》應該不是出於同一個作者（《印度學佛教學研究》卷五之二，頁一七六—一八一）。

不論如何，在龍樹時代，也許大本《華嚴經》尚未集成，而其〈十地品〉及〈入法界品〉，很可能已經是以獨立單行的大乘經典面貌，流傳於世。其中尤其是《十地經》的流傳極受重視。除了《十住毘婆沙論》十七卷，尚有世親（Vasubandhu，約西元四〇〇—四八〇年）撰有《十地經論》十二卷，略名《十地論》，也是《華嚴經》〈十地品〉的解釋書，於西元五〇八至五三五年之間，由北魏宣武帝敕命菩提流支、勒那摩提、佛陀扇多，分頭邊弘邊譯，然後由勒那摩提的弟子光統律師（慧光）合糅會整為一部論書，並為大力弘揚，而於中國北方開創了地論宗，此時已到北齊時代。稍後便有杜順及智儼師徒二人，依《華嚴經》開創華嚴宗；由於《十地經論》是《華嚴經》〈十地品〉的註釋書，因此，《十地經論》也成了華嚴宗所依的論典，也可以說，地論宗是華嚴宗的先驅，華嚴宗是繼承地論宗的腳步走出來的。故於華嚴宗第三祖法藏的《華嚴經探玄記》中，大量引用了《十地經論》。除了隋代淨影寺的慧遠為之撰有《十地經論義記》十四卷（現存八卷），據法藏的《華嚴傳》所說，尚有其他諸人的《十地經論疏》若干卷。

四、華嚴宗的先驅

如上所說，華嚴宗的先驅是地論宗，而地論宗亦有北道派與南道派之分，南方是以慧光（研弘《四分律》的光統律師，西元四六八—五三七年）為鼻祖，《續高僧傳》及《華嚴經傳記》都說他曾著有《華嚴經》的註釋書，其門下的有力諸弟子，也盛弘華嚴。可舉者有七人，即是：（一）僧範（西元四七六—五五五年），著有《華嚴疏》五卷。（二）慧順（西元四八七—五五八年），講《十地經》、《地持經》、《華嚴經》、《維摩經》。（三）道憑（西元四八八—五五九年），講《十地經論》、《涅槃經》、《四分律》等。（四）曇遵（西元四八〇—五六四年），撰有《華嚴經疏》七卷。（五）法上（西元四九五—五八〇年），講《十地》、《地持》、《楞伽》、《涅槃》等經，著作甚多，現存有《十地論義疏》卷一及卷三之一部分。（六）曇衍（西元五〇三—五八一年），亦著有《華嚴經疏》七卷。（七）安廩（西元五〇七—五八三年），先在北方從光公講《十地經論》，後往南方受到梁武帝敬供相接，敕住天安寺講《華嚴經》，這是北道派的地論師轉向了南方之開始。

至於南道派的地論宗，實際上也是出於慧光門下的道憑、曇衍、曇遵、法上四人的弟子們所傳，可舉者有：（一）靈裕（西元五一八—六〇五年），原先也是想親近慧光，適逢慧光圓寂，而改依其弟子道憑，除學《十地經論》，也學《四分律》、《雜心論》、《成實論》，德學兼優，人稱「裕菩薩」，著有《華嚴經疏》及《旨歸》，合為九卷。（二）靈幹（西元五三五—六一二年），是曇衍的弟子，十八歲便能講《華嚴經》及《十地經》，常依《華嚴經》實修「華藏世界海觀」及「彌勒天宮觀」，由他撫育大的靈辯，也以廣弘《華嚴經》著稱於世。（三）慧遠（西元五二三—五九二年），在法上座下受具足戒，就曇隱聽《四分律》，從曇遷聽《攝大乘論》，後住淨影寺，投其門下者七百餘人，著有《華嚴疏》七卷、《大乘義章》十四卷等。在慧遠門下，主要是研究《十地經論》、《涅槃經》、《攝大乘論》的學匠，可舉者有靜藏、靈璨、慧遷、辯相、玄鑒、智嶷、寶安、僧昕等人。由此可知，南道派地論宗，源頭都是北道派的創始祖慧光律師，及其末流，則受有攝論學派的影響，到了慧遠門下的學匠們，便傾向攝論學派了。（案：南北道之分，印順長老及呂澂等均作：慧光承勒那摩提之說，稱為南道派；道寵承菩提流支之說，稱為北道派。）

在江南，三論宗的集大成者吉藏（西元五四九—六二三年），在攝山（棲霞山）講《華嚴經》，並著有《華嚴遊意》一卷。三論學系的學者們，例如法朗、僧朗、慧勇等人，幾乎無一人不研究《華嚴經》。因此，中國的三論宗，雖以龍樹等的三論為研究主軸，卻不屬於純粹的中觀學派。

第二章　華嚴宗

在西元第六、第七世紀時代，由於北道派及南道派的地論宗諸師，加上攝論宗及三論宗諸師，已將《華嚴經》當作佛學界的顯學來如火如荼地熱烈弘傳，以《華嚴經》為中心思想的華嚴宗，便順理成章地出現了。掀起這股潮流的主要人物，依次有杜順、智儼、法藏、澄觀、宗密，這些都是中國佛教史上的大思想家、大學問家，也都是大宗教家。

誰是華嚴宗的初祖？在中國佛教史上，大概不會有疑問的，自宗密於其《注法界觀門》提出華嚴宗的初、二、三祖是杜順、智儼、法藏以來，已成定說。但在近代的日本佛教學者之間，卻有不同意見，例如境野黃洋的《支那佛教史講話》下冊（頁四九〇—四九九），主張智正為初祖；鈴木宗忠的《原始華嚴哲學の研究》（頁七—八〇），主張智儼為初祖；常盤大定及結城令聞二人則仍支持傳統的說法，以杜順為初祖。實際上若從著作及思想的角度考察，宗密的三祖說，應該是正確的。後來四明志磐的《佛祖統紀》（西元一二六九年，即南宋咸淳五年，志磐為《佛祖統紀》作序）卷二十九，添了四祖澄觀及五祖宗密，成為華嚴宗五祖說。其實，自初祖至三祖之間的師承關係，應該沒有疑問，四祖澄觀與三祖法藏之間，並沒有直接的師承法統，而宗密是澄觀的得法弟子，亦是有資料可考的。現在姑且採用《佛祖統紀》的傳說，依次介紹華嚴宗的諸祖如下。

一、初祖杜順——神異禪者

初祖杜順（西元五五七—六四〇年）：亦名法順，俗姓杜氏，生於雍州萬年縣（陝西省長安縣），十八歲出家，師事因聖寺的僧珍，受持禪定法。凡世間聾啞，遇之者必能聞、能語，乃至於驅園圃之蟲，馴惡性之馬。唐太宗詔之問曰：「朕苦勞熱，師之神力，何以蠲除？」師謂：「但頒大赦，聖躬自安。」太宗從之，其疾遂瘳（痊），因此賜號「帝心」。後於終南山專修定業，貞觀十四年，八十四歲，寂於南郊之義善寺，塔肉身於樊川之北原。平生勸念阿彌陀佛。有弟子朝五台山，於山麓見一老人語之曰：「文殊今往終南山，杜順和上是也。」（見於《佛祖統紀》，大正四十九，二九二下及二九三上）著有《五教止觀》及《法界觀門》傳於今世，另外尚有《五悔文》及《十門實相觀》，見於《義天錄》及《東域錄》（均收於大正五十五冊）。

二、二祖智儼——精通梵漢

二祖智儼（西元六〇二—六六八年）：出生於甘肅省天水趙氏家，那是隋文帝仁壽二年，父名景，任官申州錄事參軍。據《華嚴經傳記》卷三云：出生數歲，即知「累塊為塔，或緝華成蓋，或率同輩為聽眾，而自作法師」。十二歲時，杜順來家訪問，見之即撫儼頂，而謂其父曰：「此我兒，可還我來。」父母知其有道，欣然不吝，允儼隨杜順出家。接著杜順便交給他的上足達法師，令其順誨，曉夜持誦。後有二位梵僧來到至相寺，授智儼以梵文，不日便熟。隋末大業十一年（西元六一五年）師年十四歲，披緇為僧。親近普光寺法常、辨法師、琳法師，及至相寺智正。初學《攝大乘論》，後研《華嚴經》，並聽《四分》、《毘曇》、《成實》、《十地》、《地持》、《涅槃》等經論。當他接觸到慧光律師的《華嚴疏》，便自欣喜獲得「別教一乘無盡緣起」。後遇一異僧告謂：「汝欲得解一乘義者，其十地中六相之義，慎勿輕也。」因此陶研而大啟悟，遂註《華嚴經》，立教分宗，著成《搜玄記》五卷，時年二十七歲。

智儼的中年記事不多，晚年則曾駐錫終南山至相寺、長安雲華寺，六十七歲圓寂於清淨寺。弟子有新羅的義湘、法藏、慧曉、薄塵、道成、惠招等。臨終時告門人曰：「吾此幻軀，從緣無性，今當暫往淨方，後遊蓮華藏世界，汝等隨我，亦同此志。」（大正五十一，一六三下至一六四上）此乃表示智儼相信在他身後，先往阿彌陀佛淨土，再遊毘盧遮那佛的蓮華藏世界，是二段往生。在他的主要著作《搜玄記》之外，西元六五九年以後尚撰有《五十要問答》二卷；六六三年以後撰有《孔目章》四卷及《一乘十玄門》一卷。他是當時少數能夠通曉梵文的高僧思想家。

三、三祖法藏——集大成者

三祖法藏（西元六四三—七一二年）：是華嚴宗的集大成者，唐太宗貞觀十七年（西元六四三年）出生，俗姓康氏，其祖先代代都是康居的丞相，祖父時代歸化中國，父名謐，唐朝贈其左衛中郎將之官位。法藏十六歲時於陝西法門寺的阿育王塔前，燒一指供佛，十七歲時辭親入太白山，學習大乘方等經典。數年後以探親疾而歸長安，而往雲華寺聽智儼講《華嚴經》，深得玄旨，隨即以居士身投其門下。唐高宗總章元年（西元六六八年），法藏二十六歲，有西域三藏釋迦彌多羅，來到長安，即於其座前求菩薩戒，三藏要他先誦《華嚴經》〈淨行品〉，後受菩薩戒。同年十月，智儼入寂，將法藏委託道成及薄塵二師，囑其紹隆道法。咸亨元年（西元六七〇年），由於榮國夫人過世，則天武后為建太原寺祈福，道成等即推舉法藏，因之受敕住入該寺，始剃髮披緇成為沙門；尚未進具，便奉武后旨，講《華嚴經》，並受賜五衣。嗣後又於雲華寺講《華嚴經》時，即於座上口出光明，須臾成蓋，武后聞之，遂命京城十大德，授其滿分戒，並賜號「賢首」。華嚴宗亦名賢首宗的典故，即出於此。

到了唐高宗永隆元年（西元六八〇年），法藏參與地婆訶羅之譯場，校勘〈入法界品〉之梵本，是指協同道成及復禮二人，將此譯本，勘對舊（晉）譯《華嚴經》而補其闕文，並且參與《大乘密嚴經》等十餘部之翻譯。唐武后垂拱二年（西元六八六年）四月，於大慈恩寺講《華嚴經》，同年奉詔於西明寺祈雨有驗。天授二年（西元六九一年），於曾州講《華嚴經》，辨折道士疑難。證聖元年（西元六九五年）實叉難陀開始翻譯八十卷《華嚴經》，承命擔任筆受。聖曆二年（西元六九九年）十月，新《華嚴經》譯畢，奉詔講之於佛授記寺，至〈華藏世界品〉，講堂寺地，一時震動，眾皆感歎，都維那上表奏聞，武后即日召師於長生殿，問十玄六相之法，師乃指殿隅之金獅子為喻，以說其幽致。久視元年（西元七〇〇年）於洛陽三陽宮與實叉難陀共出《大乘入楞伽經》，並參加《文殊師利授記經》之翻譯。長安三年（西元七〇三年）參加義淨三藏之譯場，為《金光明最勝王經》等二十餘部作筆受及證義。神龍元年（西元七〇五年）唐中宗復位，適逢張易之叛亂，師即內弘法化，外贊皇猷，亂滅之後，即蒙優賞，敕為法藏畫像，並御製「讚」四章（文見大正五十，二八四上）。神龍二年，敕命為菩提流支譯場之證義。

此後，奏請於東西兩都（洛陽及長安）、吳、越及清涼山，興建五寺，悉以華嚴命名，並寫大乘三藏及諸家章疏，藏之諸寺，因號師為華嚴和尚。曾經奉命祈雨兩次，祈雪一次，均有神驗。迄唐玄宗先天元年（西元七一二年）寂於大薦福寺，世壽七十，敕贈鴻臚卿，葬於神禾原華嚴寺之南。有關法藏的傳記資料，可參考：

（一）祕書少監閻朝隱為撰〈大唐大薦福寺故大德康藏法師之碑〉（大正五十）；（二）權知瑞書、新羅崔致遠撰〈唐大薦福寺故寺主翻經大德法藏和尚傳〉（大正五十）等。他的門下弟子有宏觀、文超、智光、宗一、慧苑、慧英、審祥等。

法藏的著作極多，依據各種資料考察，計約三十部，其中被現代學者吉津宜英、木村清孝等推定是出於法藏真撰的，有十數部，例如《華嚴旨歸》一卷、《華嚴綱目》一卷、《華嚴五教章》三卷、《華嚴經探玄記》二十卷、《起信論義記》三卷、《十二門論疏》一卷、《法界無差別論疏》一卷、《般若心經略疏》一卷、《入楞伽心玄義》一卷、《密嚴經疏》四卷、《梵網菩薩戒本疏》六卷、《華嚴經傳記》五卷等。其中已知撰著年代的，僅有《般若心經略疏》是完成於長安二年（西元七〇二年）。在閻朝隱撰〈康藏法師之碑〉中亦云：

法師糞掃其衣，禪悅其食，前後講《華嚴經》三十餘遍。《楞伽》、《密嚴經》、《起信論》、《菩薩戒經》凡十部，為之義疏，闡其源流。（大正五十，二八〇中）

以此可知，至少有十數部著作，是法藏親撰，頗為可信。

縱覽法藏賢首大師一生，他確是乘願再來的菩薩人，不僅資稟異於常人，他精通梵漢語文、熟悉大乘經論，學問紮實，思想嚴密，勤於撰著，兼有禪定及神異的功德。因此歷經唐高宗、則天武后、唐中宗，備極榮寵而盛譽不衰。

他的主要思想是五教、十宗，見於《五教章》。依鎌田茂雄及吉津宜英的研究推測，此書是撰成於法藏的三十幾歲年代。

由《探玄記》卷一所見，所謂五教是：一、小乘教；二、大乘始教（相當於《解深密經》第二時及第三時）；三、大乘終教（說定性二乘及一闡提人都能成佛之教）；四、頓教（說一念不生即見佛之教）；五、圓教（說一位一切位，相即不異，信滿成佛之教）。若依《五教章》卷一所說，則略有不同。

所謂十宗是：前六宗是指六個小乘部派，第七一切皆空宗是大乘初教，第八真德不空宗是終教，第九相想俱絕宗是頓教，第十圓明俱德宗是圓教、即是別教一乘的華嚴無礙自在之法門。

《五教章》是華嚴學的綱要書。《華嚴經》的義理分齊，便是《五教章》卷四的內容，共有四大項目：一、三性同異義（唯識學中的遍計執、依他起、圓成實之三性）；二、緣起因門六義法；三、十玄緣起無礙法；四、六相圓融義。

有關這些教判及教理思想的詳細內容，已不是本書討論的範圍了。

四、四祖澄觀——疑點特點

四祖澄觀（西元七三八—八三九年）：說他是華嚴宗第四祖，乃是就教判思想層面的認同法藏而言。從法裔傳承而言，是有距離的。他不僅不是法藏的及門弟子，他出生時，法藏圓寂已二十六年了，他們兩人在佛教史上活躍的年代，也幾乎相差近百年，法藏於西元七一二年入寂，澄觀於唐德宗貞元十二年（西元七九六年）始應皇帝之召而入長安。但他的確是一位在中國華嚴傳流史上極其重要的大師。

澄觀出生於唐玄宗開元二十六年（亦說二十五年），是越州山陰（浙江紹興府山陰縣）人，俗姓夏侯氏，字大休，十一歲時，從寶林寺霈禪師出家，受《法華經》，十四歲得度為沙彌。唐肅宗乾元元年間（西元七五八—七五九年）二十歲頃，赴潤州，就棲霞寺的醴律師學相部律，又就曇一受南山律（同為研究《四分律》的兩個學派，前者依《成實論》，後者依《唯識論》）。後至金陵，依玄璧傳關河之三論。大曆年中（西元七六六—七七九年）於瓦官寺聽講《起信論》及《涅槃經》。

至於澄觀正式與華嚴學相遇，也是在大曆年間，於天竺寺的法詵門下，學習了《華嚴》大經，這位法詵是誰？據坂本幸男教授研究，他是法藏高足慧苑的弟子，有關法詵的資料，坂本教授所知者，有十七種之多。《宋高僧傳》卷五所載，法詵俗姓孫氏，十五歲出家，他家鄉洛陽的恩貞大師，「囑之以《華嚴經》、《菩薩戒》、《起信論》……。自此，句義不思而得，一部全文，常現心境，事事無礙之旨，如貫華焉」。撰有《儀記》十二卷，前後講《華嚴經》十遍（大正五十，七三六上及中）。另據高麗義天的《新編諸宗教藏總錄》，簡稱《義天錄》所載，在列舉慧苑的《刊定記》之次條，即是《刊定記纂釋》二十一卷或十三卷，下有註明「法詵創造、正覺再修」八個細字。因此，依據坂本教授《華嚴教學の研究》第五十一至五十七頁所說，法詵的華嚴師承，那位恩貞大師，便是洛陽授記寺的慧苑大師。

再看澄觀與法詵的師承關係資料，依據鎌田茂雄的《中國華嚴思想史の研究》收錄由結城令聞所藏的《妙覺塔記》，以及清代續法的《法界宗五祖略記》，都說澄觀從東京洛陽的大詵和尚，聞授華嚴玄旨，以其「利根頓悟，再周能演。詵曰：法界宗乘，全在汝矣」（《卍續藏經》，新文豐版一三四，五五〇上）。

以此可知，澄觀就不是華嚴宗第四祖了。日本鎌倉時代的華嚴宗學者凝然大德，在其《孔目章發悟記》卷一，已有如此的看法：「賢首上足有靜法寺慧苑，苑之弟子有天竺寺法銑（詵），今澄觀師承法銑。」他在另一部《華嚴法界義鏡》的「澄觀傳」中，亦云：「第四祖清涼山澄觀大師……乃依東都法詵大師習學華嚴，觀是慧苑大師門人。」因此，中國華嚴宗諸祖的傳承，應該是：

初祖杜順（西元五五七—六四〇年）
二祖智儼（西元六〇二—六六八年）
三祖法藏（西元六四三—七一二年）
四祖慧苑（西元六七三—七四三？年）
五祖法詵（西元七一八—七七八年）
六祖澄觀（西元七三八—八三九年）
七祖宗密（西元七八〇—八四一年）

從他們住世的年代考察，法詵入寂於大曆十三年（西元七七八年），澄觀便是大曆年間，親近法詵而溫習《華嚴》，並得法詵的讚許。當時已是法詵的晚年，因他世壽只有六十一歲，澄觀較法詵年少二十歲，在法詵座下時，宜為四十歲左右。

但是，澄觀對慧苑的《刊定記》所持四教判的教判思想，極度不滿，在他的《華嚴經疏鈔》中，把慧苑批評得非常嚴厲，直斥之為「邪宗」。在其弟子宗密的《圓覺經疏鈔》卷三之上，同樣批斥慧苑的四教判，而謂：「此公是藏和上弟子，不得師意，故知形雖入室，智未陞堂，亦由曾不參禪，致使全迷頓旨。」也許正由於此，到志磐編成《佛祖統紀》之時，便以澄觀及宗密，尊為華嚴宗的四祖及五祖，而將慧苑排之於華嚴宗的正統之外。直到一九五六年，由京都平樂寺書店出版了坂本幸男教授的《華嚴教學の研究》，始將此一有關華嚴宗傳承史的迷案，為慧苑做了平反。坂本的論作，也由臺灣的慧嶽法師，於一九七一年譯成中文，在他的中華佛教文獻編撰社印行，名為《華嚴教學之研究》，我亦為之撰序，用表讚歎。然對這則公案，究竟還有沒有爭辯的餘地，那就有待後賢的研究了。

至於慧苑四教判，乃是受了《寶性論》卷四所說眾生有四種的影響，該論曰：「略說一切眾生界中，有四種眾生，不識如來藏，如生盲人，何等為四？一者凡夫，二者聲聞，三者辟支佛，四者初發菩提心菩薩。」（大正三十一，八三九中）

據中村瑞隆的研究，認為這一段論述如來藏的論文，是《寶性論》的核心思想（見氏著《梵漢對照究竟一乘寶性論研究》頁一四三—一四六）。

慧苑的四教判，見於其所撰《續華嚴經略疏刊定記》卷一，在評論了自印度至中國佛教的各家教判之後，便引《寶性論》四種眾生說，而云：「今之所存，依此而立：初、迷真異執教，當彼凡夫；二、真一分半教，當彼聲聞及辟支佛；三、真一分滿教，當彼初心菩薩；四、真具分滿教，當彼識如來藏之根器。」（《卍續藏經》，新文豐版五，二十三上及下）第一種的迷真異執教，是印度九十五種外道，以及中國的《易經》、《老子》、《莊子》，而評孔、老、莊之三家，是「大意略同，而文稍異」。並舉孔丘所述「易為萬物之始」；李聃所謂「自然為萬物因」；莊周所謂「道為萬物因」（同前書頁二十四下及頁二十五上）。這幾乎跟宗密的《原人論》所立五教的第一「破迷執」相同，是將凡夫外道的儒、道二家，置於人天教之前，但卻不同於法藏之五教判了，莫非宗密也受了慧苑四教判的影響！

現在，繼續介紹清涼大師的生平。據元朝的普瑞所集《華嚴懸談會玄記》卷一所載，補述其早年的事蹟如下：

至十一（歲），奉恩得度，纔服田裳，思冥理觀，乃講《般若》、《涅槃》、《白蓮》、《淨名》、《圓覺》等一十四經，《起信》、《瑜伽》、《唯識》、《俱舍》、《中》、《百》、《因明》、《寶性》等九論。年滿（二十）（受）具（足）戒於曇一大師門下，受南山行事止作，遂講律藏。又禮常照禪師，受菩薩戒。原始要終，啟厥十誓：體不損沙門之表，心不違如來之制，坐不背法界之經，性不染情礙之境，足不履尼寺之塵，脇不觸居士之榻，目不視非儀之彩，舌不味過午之餚，手不釋圓明之珠，宿不離衣鉢之則。遂參（荷澤宗）無名大師印可。（《卍續藏經》，新文豐版十二，七下）

這段事蹟，或許有些誇張，澄觀在二十歲前便能為人講解大乘經論二十三種，的確是大菩薩再世了。至於他的十誓，傳誦很廣，乃為律師的標桿心行，然非常人所能身體力行。他在大曆年間，除了親炙「華嚴玄旨」於法詵門下，也參訪了剡溪的慧量，再聞三論，至蘇州的湛然法席，習《摩訶止觀》及《法華》、《維摩》等經疏；又往參牛頭山惟忠、徑山道欽，咨決南宗禪法；更見慧雲，了北宗禪之玄致。於是自謂：「五地聖人，身證真如，棲心佛境，於後得智中，起世俗念，學世間技藝，況吾學地，能忘是心？」遂復學習經傳子史、小學蒼雅、天竺悉曇、諸部異執、四圍五明、祕咒儀軌。大曆十一年（西元七七六年）上五台山，朝峨嵋山，再回五台山，止於大華嚴寺，專行方等懺法，講《華嚴》大經，慨於《華嚴》舊疏文繁義約，遂將製疏，夢抱金人，無何咀嚼都盡，覺即汗流自喜。自唐德宗興元元年（西元七八四年）正月起，迄貞元三年（西元七八七年）十二月，《華嚴經疏》畢功，凡成二十軸，計六十卷。以其「大教之理深，疏文之義廣」，遂為弟子僧睿等，更為此新疏作釋，名為《隨疏演義鈔》四十卷、《隨文手鏡》百卷。

澄觀自大曆十一年（西元七七六年）進入五台山之後，迄貞元三年（西元七八七年），《華嚴經疏》完成，再到貞元十二年（西元七九六年）時，受德宗皇帝召入長安為止的二十一年之間，為道俗弟子講說，以及其後為德宗、順宗、憲宗解說而撰述的著作，除《華嚴經疏》之外，現存的則有《貞元華嚴經疏》十卷、《華嚴經綱要》三卷、《華嚴經略策》一卷、《法界玄鏡》一卷、《心要》一卷、《三聖圓融觀門》一卷等。

據《華嚴懸談會玄記》卷一所載，則除了以上諸書，尚有：

《圓覺》、《四分》、《中觀》等論關脉三十餘部，《七處九會華藏世界圖》、《心鏡說文》十卷、《大經了義備要》三卷，七聖降誕節對御講經談論文、兼一家述詩表牋章，總八十餘卷。後奉德宗詔，與般若三藏譯烏盤所進《華嚴》（四十卷本）後分。（《卍續藏經》，新文豐版十二，八上）

四十卷本《華嚴經》譯出之後，德宗請師講之，講已德宗讚曰：「誠哉！是言微而顯撫！」遂賜紫衲方袍，兼禮為教授和尚。師又奉詔為《四十華嚴》述疏十軸，並被迎入內殿談法。帝心默湛海印，朗然大覺，乃謂群臣曰：

朕之師，言雅而簡，辭典而富，扇真風於第一義天，能以聖法清涼朕心，仍以清涼賜為國師之號。（同前書，八下）

後歷順宗、憲宗，均賜澄觀清涼國師之號，在他於八三九年入寂之前，穆宗、敬宗，相繼賜號大照國師。後世相傳，澄觀一生，「歷九宗聖世，為七帝門師」；他出生於玄宗開元二十六年，經玄宗、肅宗、代宗、德宗、順宗、憲宗、穆宗、敬宗、文宗九世，除了玄宗與肅宗，其餘七帝，皆以澄觀為師。尊榮集於一身，歷一世紀而屹立如高山大嶽，在世界佛教史上，乃是空前絕後的盛事。他以一百零二歲入寂，《宋高僧傳》則謂七十餘歲，後世多採百零二歲之說。寂後塔於終南山石室，號「清涼國師妙覺之塔」，相國裴休奉敕撰碑文。傳法弟子百餘人，而以宗密、僧睿、法印、寂光等四人，為門下四哲。元人普瑞集的《華嚴懸談會玄記》卷一又形容描述這位大師的容貌舉止云：

俗壽一百二，僧臘八十三。形長九尺四寸，手垂過膝，目夜發光，晝乃不瞬，言論清雅，動止作則，學贍九流，才供二筆。凡著述現流傳者，總四百餘卷。盡形一食，大經始終講五十遍，無遮大會十有五設。弟子為人師者三十有八。……唯東京僧睿、圭山宗密，獨得其奧。（《卍續藏經》，新文豐版十二，八下至九上）

至於澄觀的思想，主要是繼承賢首法藏，故被認定為四祖，亦不無道理。但他除了發揮法藏的思想，尤其重視律身及調心的實踐面。在他的特點，主要有三項可舉：

一、是有關唯心的思想，澄觀繼承法藏的「十重唯識」之說，或「十重一心」之說，提出：（一）二乘人的一心，（二）阿賴耶識的一心，（三）如來藏清淨的一心。

二、是由法藏的「法界緣起」觀，澄觀創立了四種法界論：（一）事法界：事相世界；（二）理法界：真理世界；（三）理事無礙法界：真理與事相，交流與融合的世界；（四）事事無礙法界：事相與事相，交流融合的世界。

三、是對實踐面的觀法，創出了「三聖圓融觀」，華嚴三聖，便是本師毘盧遮那如來、普賢、文殊二大菩薩。至於如何來以行者的身心觀此三聖圓融，得見三聖及十方諸菩薩，則不甚明確。

所以，華嚴宗所設的種種觀門，理論面多於實踐面，無怪乎華嚴學者若從著手的實踐面而言，多教人以念佛，或與禪宗合流而成為禪者。其實，華嚴宗諸祖，都與禪悟有關，也都是重於教理的禪師。及至宗密，便於〈禪源諸詮集都序〉等著作中，提揚「禪教一致」說了。

五、五祖宗密——禪教一致

有關圭峰宗密大師的原始傳記資料，已有我的三位學者朋友，做過深入的搜尋及考證，其中以鎌田茂雄博士的《宗密教學の思想史的研究》第二章，貢獻最為豐富而且完整。我要在此申謝，讓我省力不少。

大師生於唐德宗建中元年（西元七八〇年），寂於唐武宗會昌元年（西元八四一年），世壽六十二歲，僧臘三十四夏。出生地是果州西充縣（四川省成都之東）。俗姓何氏，是世代業儒的豪門，故在七歲至十八歲前的十年之間，專精儒學，兼通道家之說。雖以「詩書是業，每覺無歸」，故於十八、九至二十一、二歲的幾年之間，曾以居士素服之身，「習聽」佛教「經論」，旋又回到儒學的領域，於遂州義學院，親炙儒宗大師。唐憲宗元和二年（西元八〇七年），準備應試貢舉，適遇荷澤神會的第四代法裔道圓禪師由川西來到遂州大雲寺弘傳禪法，前往親近，宗密對這位禪師的感受印象是：「儼然若思而無念，朗然若照而無覺。」故於「言下相契，師資道合」，「如針芥相投」。因緣成熟，便求度出家，時年二十七歲。

在大雲寺為沙彌時，隨眾赴府吏任灌之家，列於下位，接受齋供之前，所誦的是一部《圓覺修多羅了義經》，「讀之兩三紙已來，不覺身心喜躍，無可比喻」，「一言之下，心地開通，一軸之中，義天朗耀」。回寺後以之向道圓禪師稟告，師即示以「此經諸佛授汝耳，汝當大弘圓頓之教，汝行矣，無滯一隅」！接著便辭師去受具足戒，專心致力於《圓覺經》的鑽研，並陸續撰寫了一系列的《圓覺經》疏及大疏鈔，是為中國禪宗思想史上的一大盛事。因為宗密所見的《圓覺經》內容，是「具法性、法相、破相三宗經論，南北頓漸兩宗禪門」的，若從所謂性宗的角度來看，《圓覺經》的確是涵蓋了空有、性相、頓漸等法門的，其實，《楞嚴經》及《起信論》，也都具有與此相同的特色。

宗密離開道圓禪師之後，也去成都府的聖壽寺，拜謁了道圓的師父，荊南的惟忠禪師，宗密被記為「傳教人也，當盛於帝都」。又往東京洛陽，拜見道圓的同門神照禪師，一見之下，便譽宗密為「菩薩人也，誰能識之」！到了唐憲宗元和五年（西元八一〇年），於襄漢恢覺寺之靈峰，遇一病比丘，授其師清涼澄觀所撰《華嚴經疏》二十卷、《演義鈔》四十卷予宗密。宗密閱覽之下，即如「渴逢甘露，貧遇摩尼，騰躍之心，手捧而舞」。因《華嚴疏鈔》是「以疏通經，以鈔釋疏，尋文而性離，照理而情忘，偶之于心，會之于教，窮本究末，宗途皎如」，以致使他的「一生餘疑，蕩如瑕翳，曾所習義，於此大通」。此段文字，出於宗密的〈遙稟清涼國師書〉，那是唐憲宗元和六年（西元八一一年）的事。於是他為徒眾講了兩遍，甚至有一位名叫泰恭的聽徒，受疏的感動而自斷一臂以供難逢之大法。講畢未久，即往上都，晉謁清涼國師，執弟子禮，隨侍二年，國師印之曰：「毘盧華藏，能隨我遊者，其唯汝乎！」因此而被認為華嚴宗的第五祖。清涼國師以一百零二歲寂於西元八三九年，再次年（西元八四一年）圭峰宗密也圓寂了。

在宗密大師出家後的三十四年之間，前面二十多年，雖然經常雲遊，卻都能於所到寺院，不斷地研究三藏教典，熟習《起信論》、《成唯識論》、《攝大乘論》、《瑜伽師地論》、《寶性論》、《佛性論》、《中觀論》、《大智度論》等。不過，宗密大師仍以《圓覺》、《華嚴》二經為依歸。他的著作很多，據鎌田博士的統計，共有三十七種，達二百十九卷。卷帙最龐大的是《禪藏》，早已失佚；其次是《圓覺經大疏鈔》系列，計三十七卷；又次是《圓覺經道場修證儀》十八卷；再次是《華嚴綸貫》十五卷。若依宗密生平最重要的政界外護——相國裴休所撰〈圭峰禪師碑銘〉的記載，他的主要撰著則有：《圓覺》、《花（華）嚴》、

《涅槃》、《金剛》、《起信》、《唯識》、《盂蘭盆》、《法界觀門》、《行願經》等的疏及鈔，尚有法義類例、禮懺、修證、圖書纂略、〈禪源諸詮集都序〉，並酬答、書偈、議論等，凡九十餘卷。能有如此豐富著作的人，在中國佛教史上，乃是少見的了。當然，這些著述之中，多數是隱居在終南山草堂寺的前後十年之間完成的。以其所居寺院，位於該山之圭峰，故被尊稱為圭峰大師。並於唐武宗崩後，唐宣宗即位，追謚為定慧禪師，塔號青蓮。

宗密大師自己是不要塔的，故有遺誡弟子云：「深明形質不可以久駐，而真靈永劫以長存，乃知化者無常，存者是我，死後舉施蟲犬，焚其骨而散之，勿墓勿塔，勿悲慕以亂禪觀，每清明上山，必講道七日而後去，其餘住持法行，皆有儀則，違者非我弟子。」（〈圭峰禪師碑銘〉見於《全唐文》卷七四三）但是當他坐滅於興福塔院之後，七日之內，儼然如生，容貌益悅，即遷於函，荼毘得舍利數十粒，明白潤大，先藏之於石室，繼為之建塔。

宗密的生平，尚有一事，值得後人傳誦，即是他曾二度受到皇帝之召進入宮中，答問法義，而被稱為內供奉。他亦曾與好幾位高階的政治人物，往還密切，例如裴休、溫造、蕭俛、李訓等。然於唐文宗太和九年（西元八三五年），發生甘露之變，謀誅宦官仇士良的計畫失敗，參與密謀的李訓及鄭注，即遭宦官派兵追殺，李訓逃往終南山，投奔宗密，欲求剃度及庇護，然終於被捕。宗密亦被縛入左軍，責以不告之罪，將欲殺之，宗密則怡然對曰：「貧僧識訓年深，亦知反叛，然本師教法，遇苦即救，不愛身命，死固甘心。」中尉魚弘志嘉之，奏釋其罪。（見於《舊唐書．列傳第一一九》）《隆興佛教編年通論》卷二十五，亦有對此事讚揚的記載：「仕良壯其不撓而釋之。唐史書此，蓋美其有大節也。」《指月錄》卷六，同樣為之讚歎云：「比丘與唐士大夫交者多，或見傳記，多犯法辱教。而圭峰獨超然如此，為史者亦欣然點筆疾書，蓋其履踐之明也。」由此可見，宗密不僅是一位大學問家、大思想家，一位具足禪慧悲智的禪師，也是一位關心國政大事、且又一心救苦而不惜生命的大宗教家了。

本編

《原人論》考釋

釋題

「原人」一詞，非出於佛典，「論」則普見於佛教及世間著述，例如論文的論述、論書的論究。

「原」字在此處，是探索、窮究、考察的意思，典出於《易經．繫辭》有云：「原始反終。」疏云：「原窮事物之初始。」例如《呂氏春秋》有〈原亂〉，《淮南子》有〈原道〉。原字也有源泉之頭，以及萬物之本的意思，例如《漢書．董仲舒傳》有云：「道之大原出於天。」在《孟子．盡心篇》則有「一鄉皆稱原人焉」句，朱熹註云：「原，亦謹厚之稱。」而在本文的「原人」，則意謂探究宇宙人生之根本。

不過，在中唐時代，有一位以排斥佛、老二教著稱的大文豪韓愈（西元七六八—八二四年），乃與本論的作者圭峰宗密（西元七八〇—八四一年），生於同一個時代而略長圭峰宗密十二歲，則頗值得注意。因為韓愈寫的論文之中，以「原」為篇名的，至少有〈原道〉、〈原性〉、〈原人〉、〈原毀〉、〈原鬼〉等五篇。〈原道〉中以經濟及社會觀點排斥佛、老。〈原性〉主張人性有三品，上品全是善，中品可引導而使上下，下品全是惡；人性不是生而皆善、不是生而皆惡，也不是生而善惡混。〈原人〉是以天、地、人的三分法，論述他的宇宙觀：

形於上者謂之天，形於下者謂之地，命於其兩間者謂之人。形於上，日月星辰皆天也，形於下，草木山川皆地也，命於其兩間，夷狄禽獸皆人也。（中略）天道亂，而日月星辰不得其行；地道亂，而草木山川不得其平；人道亂，而夷狄禽獸不得其情。

圭峰宗密寫《原人論》的〈序〉中，即舉出天、地、人的三才，並以人為最靈的論點。三才的出典是《易經‧繫辭》，卻為韓愈所用，亦為宗密所引，便不難看出其間的先後因果關係了。也就是說，因為韓愈排斥佛、老的迷信消極，宗密的《原人論》則破除儒、道二教的迷執，目的是為收攬儒、道二教而會歸佛教，所以也大量採用了儒、道二教的名詞，乃至論文的篇名，也儒化了。這正是佛教教化世俗的權巧手法：先使自己同於彼，再轉彼方向於己。

第一章 序

原文與語體對照

萬靈蠢蠢①，皆有其本，萬物芸芸②，各歸其根，未有無根本而有枝末者也。況三才中之最靈③而無本源乎？且「知人者智，自知者明④」。今我稟得人身而不自知所從來，曷能知他世所趣乎？曷能知天下古今之人

宇宙間的一切生命，皆有其各自的根本源頭，一切萬物，必可各各找回其根本。好像樹木一樣，不可能只有枝葉而沒有其所依靠的樹幹及樹根的。何況在天、地、人的三才之中，人為萬物之最靈，豈會沒有根本的源頭呢？而且有說：「知人者智，自知者明。」如今我宗密得了萬物之靈的人身，若不能自知從何而來，怎麼又能知道此身死後會往何處去呢！又豈能知道普天之下、古往今來的種種人和種種

事乎？

故數十年中，學無常師⑤，博攷內外⑥，以原自身，原之不已，果得其本。

然今習儒道⑦者，秪知近則乃祖乃父，傳體相續⑧，受得此身，遠則混沌一氣⑨，剖為陰陽之二，二生天地人三，三生萬物，萬物與人皆氣為本。

事呢！

因此，我於數十年中間，遍學遍究而師事了許多學派，廣研博考了內外典籍，就是為了探究我自身的根本源頭這樁大事。經過長時間的探究結果，終於讓我找到了我的根本源頭。

然而，如今的儒家及道家的學者們，對於近的源頭，僅僅知道是由他們的祖宗、他們的父母，代代相傳而給了他們此一身體；對於久遠的源頭，僅僅知道是由混沌一氣，分剖為陰、陽之二氣，然後則由二氣而生出天、地、人之三才，再由三才而生萬物，故認為萬物與人類的根本，都源於氣。

習佛法者⑩，但云：近則前生造業，隨業受報⑪，得此人身，遠則業又從惑，展轉乃至阿賴耶識為身根本⑫。

皆謂已窮，而實未也。然孔、老、釋迦，皆是至聖⑬，隨時應物，設教殊塗，內外相資，共利群庶，策勤萬行。明因果始終，推究萬法，彰生起本末，雖皆聖意，而有實有權⑭。二教唯權，佛兼權實。策萬行，懲惡勸善，

至於一般修學佛法的人士，只說近的源頭是由於前生造業，今生隨業受報，而得此人身；遠的源頭，則推究此業的發生，是從煩惱的惑，輾轉乃至以阿賴耶識為身的根本源頭。

以上的儒、道二家及佛教學者，都說他們已經究本窮源地找到了人的根本源頭，其實則沒有。然而，孔子、老子、釋迦，皆是至極的聖人，只是為了因應各種不同時代環境和各人的根器，而做出因時制宜、因人制宜的教化設施。或內或外、相輔相成，都是為了利益眾生，策勵修行一切善行，明瞭善惡因果，知道人之本源始終，以之推敲探究宇宙萬象，以明萬物生起的根本和枝末。唯此孔、老、釋的三

同歸於治，則三教皆可遵行⑮；推萬法，窮理盡性⑯，至於本源，則佛教方為決了。

然當今學士，各執一宗，就師佛者，仍迷實義，故於天地人物，不能原之至源。余今還依內外教理，推窮萬法，初從淺至深。於習權教者，斥滯令通而極其本，後依了教⑰，顯示展

教，雖皆出於聖人之意，卻是有的屬於權巧，有的屬於真實。儒家及道家，僅是權巧之說，釋家則兼權兼實。若就策勵萬行、懲惡勸善而同歸於治世之道而言，則儒、道、釋三教皆可遵行，若為推究萬法、窮其理、盡其性、而至於最極之根本源頭者，那就唯有佛教才能解決了。

然而，當今之世，學者之間，每每各執一宗一派之見，甚至以佛為師之士，仍舊迷失佛教的真實義理，故對於天、地、人、物，不能探究出其至極之根本源頭。我現在還是依據內典外籍之教理，推究窮研宇宙萬法。初步則從淺顯而入深奧，對於那些學習權巧之教的人士，斥其滯塞、令其通達，窮極其根本源頭。而後

轉生起之義，會偏令圓，而至於末（末即天地人物）。文有四篇，名原人也。

《原人論》序（終）

依了義的實大乘，說一乘顯性教，以明宇宙萬有，皆是由一心真如，次第生起的。以之會合偏淺的儒、道、釋三家之見，使之成為圓滿融通的實大乘教，而至於天地人物之末，無所不收（末即天地人物）。本文計有四篇，名為「原人」。

《原人論》序（終）。

考釋條目

①**萬靈蠢蠢**　無量種類無限數目的動物，是指具有靈知靈覺的無窮生命，稱為萬靈。蟲類的蠕動，稱為蠢動，無數的生命混雜地亂動，稱為蠢蠢，例如《左傳．昭公二十四年》，謂「王室實蠢蠢焉」，意謂當年的王室有亂象，即是奸邪的亂象，無禮儀的動亂，稱為蠢蠢。《原人論》此處是形容無量無數有情眾生，雜亂互動的狀貌。

②**萬物芸芸**　此句典出《老子》第十六章，其原句為：「萬物並作，吾以觀其

復。夫物芸芸，各復歸其根，歸根曰靜，靜曰復命，復命曰常，知常曰明。」萬物是統指一切物類，例如《易經》有云：「大哉乾元，萬物資始。」《老子》第四十二章則云：「道生一，一生二，二生三，三生萬物。」「芸芸」是形容草木茂盛的狀貌，例如《老子》河上公註云：「芸芸者，華葉盛也。」

③**三才中之最靈**　此句的出典是《書經》的〈泰誓〉，有云：「惟天地，萬物父母，惟人，萬物之靈。」亦見於《易經．繫辭》，有云：「《易》之為書也，廣大悉備，有天道焉，有人道焉，有地道焉，兼三才而兩之，故六。」

④**知人者智，自知者明**　此句出典是《老子》第三十三章，有云：「知人者智，自知者明；勝人者有力，自勝者強；知足者富，彊行者有志；不失其所者久，死而不亡者壽。」

⑤**學無常師**　原典出於《論語．子張》，有云：「子貢曰：文武之道，未墜於地，在人，賢者識其大者，不賢者識其小者，莫不有文武之道焉。夫子焉不學？而亦何常師之有？」到了韓愈的〈師說〉一文中，便就此申論而謂：「聖人無常師，孔子師郯子、萇弘、師襄、老聃。」意思是說，孔子雖是大學問家，雖已被尊為儒家的聖人，但他還能經常不恥下問，向各行各業的專業人士學習，以他們為師，例如郯子是

知道古代少昊氏以鳥做為官名的原因，萇弘是精於歌唱的音樂家，師襄是善於鼓琴的演奏家，老聃是懂得禮儀的專家。此處的圭峰宗密，雖是修學佛法的高僧，他除了專攻大、小乘各宗的佛學，親近佛教界的諸大善知識之外，也曾精研儒家、道家的學說，並求教於儒、道二家的學者們。在宗密的《圓覺經略疏鈔》卷二所見，至少他在七歲至十六、七歲，二十三歲至二十五歲之間的兩個階段，是研習儒學的。由此可知「無常師」的意思，是沒有跟定某一宗派的某一位老師，一直學下去。

⑥**博攷內外**　是廣博地研究佛教的內典及儒、道等教的外典，在印度，學問有五大類，稱為五明，那就是內明、因明、聲明、醫方明、工巧明，其中以佛學稱為內明，又名內典，其餘四明均為世間的學問技術，稱為外典。一般的佛教徒，五明精通的不會太多，大善知識，就能通達五明。在中國的佛教學者，為了要使佛法在中國的知識分子群中不被排斥，就必須兼通儒、道二教的學問。

⑦**儒道**　儒者，是道學及技術之士的通稱，例如《漢書．司馬相如傳》云：「列仙之儒居山澤間。」顏師古註云：「凡有道術皆為儒。」亦有單將孔子之道稱為儒，宗於孔子之道的讀書人，稱為儒士。後世以宗於孔孟學說的，名為儒家，儒家宗師孔孟之教，故又被稱為儒教。

道教與道家，雖然同樣是以老子為始祖，但是，《漢書・藝文志》所載的道家書，有伊尹、太公等，其所言皆所謂人君南面之術，至後世所稱的道家，則專指崇信黃老之說，和神仙導引者流，長生不老之術，應係此流。自東漢張道陵以咒術符籙等法行世，其子張衡、其孫張魯，相繼行其道；至北魏寇謙之，奉老聃為教祖、張道陵為大宗，始立道教之名。進入唐朝時代，由於皇帝姓李，與老子同宗，以是道教盛行。

佛教傳入中國之後，自始即遭受到儒、道二教的排斥與論難，此在《弘明集》、《廣弘明集》、《集古今佛道論衡》、《辯正論》等所收歷代文獻，足資證明，佛教的生存，經常受到來自儒、道二教的威脅，特別是在宗密的時代，佛教已即將面臨唐武宗的會昌法難，已失去政治權力的保護，加上當時佛教界的內部，對立與混亂的局面也日益嚴重，所以他完成了思想體系完全一致的兩部著作，那便是《原人論》及〈禪源諸詮集都序〉。尤其是《原人論》的五教判，和法藏大師的五教判已有不同，他把法藏的小、始、終、頓、圓的五教，改為人天、小乘、大乘法相、大乘破相、一乘顯性的五教，會通大、小乘的佛法，開列人天乘，誘導儒、道二教，目的是要將佛教適應儒、道二教的中國文化環境，並且企圖提昇儒、道二教。

今日二十一世紀的佛教危機，已不是來自儒、道二教的排斥，除了教內教派的分歧以及弘法人才的奇缺，所面臨的世界性的宗教競爭及文化認同，比唐代更嚴峻更複雜，凡是有願於學法、弘法、護法的僧俗道侶，豈能不以大奮志來全力以赴。

⑧**乃祖乃父，傳體相續**　依據中國人的傳統思想，萬物的元始，是道、是氣、是陰陽、是乾坤，是由乾天坤地而有人及一切生命；人類身體的遞代相傳，是祖宗、是父母；從每一個人的記憶所及，只知道其父其祖，最多是五代同堂，知有高曾祖父的血脈相傳。最切身的事，就是知道如《孝經》所說：「身體髮膚，受之父母。」《論語‧學而》所說的「慎終追遠，民德歸厚矣」，慎終是對乃祖乃父死亡之喪事，須盡其哀戚；追遠則是對歷代祖先的緬懷追祭。因為《書經‧舜典》有三禮之說，根據《隋書‧禮儀志》的解釋，三禮是指：「唐虞之時，祭天之屬為天禮，祭地之屬為地禮，祭宗廟之屬為人禮。」三禮都是帝王所當為，一般庶民則當祭祀祖先。這就是中國民族以祭祖為宗教信仰的原因。直到晚近，祭拜先亡眷屬的所謂「昭穆宗親」，遠近考妣，依舊盛行於漢民族的文化圈中，那就是因為知道自己的身體，是由「乃祖乃父，傳體相續」而來的緣故。

⑨**混沌一氣**　混沌又名渾沌，《老子》第十四章有云：「視之不見，名曰夷；

聽之不聞，名曰希；搏之不得，名曰微。此三者不可致詰，故混而為一。其上不皦（明也），其下不昧，繩繩不可名，復歸於無物。」夷是大象無形，故無色可見，不可取以為用；希是大音希聲，故寂無音聲可聞；微是微妙無質，故觸之不可得。此即是形容混元一氣之道，乃非視、聽、智力、言語思考之所能及。《老子》第二十五章又云：「有物混成，先天地生。」是說，在天地兩儀形成之前，已有一個混然的道了。

「渾沌」一詞，見於《莊子・應帝王》，其所謂「中央之帝為渾沌」，乃是形容沒有孔竅，清濁未分，兩儀未判的宇宙尚未出現之前的狀態。由混沌一元的元始之氣，一剖為二，成為陰、陽的二氣，再由陰、陽之二氣，出生天、地、人的三才，三才備而萬物現，所以《原人論》會說他們，究其根柢，人與萬物，皆是以混沌的一氣為其根本。

⑩**習佛法者** 以文意來看，此處所稱的習佛法者，不是指的全體的佛教徒，而是單指信因果業報的人士，是人天教層次的通俗信仰的佛教徒，以及小乘教和法相教的習佛之士。

⑪**前生造業，隨業受報** 業的梵文是karman，是造作、行為的意思，前生由

於無明煩惱之惑，造了身、口、意的三類惡業及善業，依據業力而到此世，接受果報的五蘊身心，來受苦受樂。如此流轉三世，善惡為因，苦樂交錯，苦多樂少，累生累世，而成業感緣起的凡夫眾生。

⑫**阿賴耶識為身根本** 若從現代學者們以佛教思想發展史的角度來看，佛教是以緣起論做為宇宙觀及人生觀之基調的。所以《中觀論．觀四諦品》中有謂：「若見因緣法，則為能見佛。」眾生（人）的生死流轉於過去、現在、未來的連續三世之間，便是基於惑、業、苦的循環不息，其中的生命現象，即在三世十二因緣的軌道中進行，由於起惑、造業、受報的因果交織，生死苦樂的決定，是出於善業、惡業、（禪）定業的三類原因，所以稱之為「業感緣起」；若能斷惑，便出生死。一直到了初期大乘佛教的龍樹菩薩造《中觀論》，也就是依據《阿含經》緣起觀的「此生故彼生」、「此滅故彼滅」，而提倡諸法自性空的思想。

在原始佛教的聖典中，人只有六識，造業也好，受報也好，除了六識是主人翁，別無其他識。到部派佛教時代的大眾部等，認為六識之外，尚有一個根本識的存在；於是到了大乘佛教的唯識學派時代，便發展出了七識、八識，認為一切萬法，都是從第八阿賴耶識的種子開發出來，因此而構成了阿賴耶識緣起的思想，也就是說宇宙萬物的根本，便是第八阿賴耶識。八個識，又名為三能變，初能變即是第八阿賴耶識，第七識是第二能變，前六識是第三能變。由於第八識中潛在之功能而令生起一切諸法的差別相來，所以直到佛果位，都可名為一切種識。可見，不僅凡夫身的根本是阿賴耶識，直到佛果位的根本，雖不名為阿賴耶識，仍與轉成了大圓鏡智的阿賴耶識有關。這便是阿賴耶緣起論的本體觀及現象論了。

佛教緣起論的思想，尚不止於此，另由分別說系的論師，主唱心性本淨說，輾轉而完成了如來藏的教義，認為萬法皆由如來藏心發生出來，便被稱為如來藏緣起論。中國的華嚴宗，依據《華嚴經》，又開出了十十無盡的法界緣起觀。真言宗也提出了地、水、火、風、空、識的六大緣起觀。這些都是屬於佛教思想發展史上的宇宙萬物根本論。

⑬孔、老、釋迦，皆是至聖 這是三教同歸論的說法，佛教傳入中國，自始受到儒、道二教的抨擊與否定，佛教則採取認同儒、道二教的包容態度。儒、道二教排斥佛教是夷狄之教，所以要尊王攘夷。儒、道二教各自把孔子與老子，尊稱為聖人，卻把釋迦牟尼佛，貶稱為夷狄之人。佛教則承認孔子、老子、釋迦，同是至聖；雖然三教的教義，各有內外深淺，站在人天乘的層次而言，孔子、老子各為一

類根器的眾生，隨方、隨時、隨物而設置出不同於佛教的教化，但卻都是隱密的佛法，所以佛教也不會排斥他們。

⑭**有實有權**　這是大乘佛教的教判用語，權是權宜、權巧、權謀、權衡，實是真實不虛。佛說一切法，雖都是真實不虛，唯其有的是佛隨眾生意（根器），方便而說，稱為權教，有的是佛隨自意的內證，稱性而說，名為真實教。對於權、實二教的解釋，由於各宗所依經論的不同，也各有不同的判別法。例如法相唯識宗，是依據《解深密經》卷二〈無自性相品〉說：「密意說言唯有一乘，非於一切有情界中，無有種種有情種性，或鈍根性、或中根性、或利根性有情差別。」因此唯識學派，主張五性各別，而以為三乘是真實說、一乘是方便說，也就是說，一乘是權教，三乘是實教。天台宗則依《正法華經》卷一〈善權品〉云：「行權方便，因勸化之。」在權巧的方便背後，必有真實，故於《妙法蓮華經》卷一〈方便品〉云：「十方佛土中，唯有一乘法，無二亦無三，除佛方便說。」這就點明一乘是真實教，二乘三乘是權方便了。故在天台教判中，除了《法華》是純圓獨妙的一乘實教，其他藏、通、別之諸教，都是權教。至於華嚴宗，也跟天台相同，認為在三乘的權教之外，別有一佛乘法的實教。不過華嚴宗的五教判是：小、始、終、頓、

圓，以小乘教為愚法二乘，大乘的始教（諸部般若及唯識法相），在三乘之初，仍屬權教，終教（不空真如）、頓教（直指本心的真如佛性），談說一乘一性，應該已是實教，但尚未說一切眾生皆具佛之知見，所以猶屬三乘，尚不免稱為權教。終、頓、圓之三教，雖皆可以名為一乘實教，唯有華嚴的圓教，位置最高，故稱為別教一乘；終、頓二教，只能名為同教一乘，也就是說，那二教是同於三乘的一乘實教，是一乘與三乘彼此共同的，所以名為同教一乘。唯有華嚴圓教，才是有別於三乘的一乘實教，故名別教一乘。

此處《原人論》的權實五教，將頓教略去而添入了人天教，法藏大師的五教判，未列人天教，宗密大師的五教判，吸收了人天教，故將儒、道二教，列為「唯權」，佛教之內的小乘教、法相教、破相教、一乘顯性教的四個層次，則是「兼權實」的。實際上在華嚴宗的立場，只承認一乘顯性教是唯實非權。如果對照宗密大師另一部著作〈禪源諸詮集都序〉卷上二的觀點，《原人論》的一乘顯性教，即是〈禪源諸詮集都序〉所說三種教（第一密意依性說相教，第二密意破相顯性教）的第三「顯示真心即性教」，內容是包含了「《華嚴》、《密嚴》、《圓覺》、《佛頂》、《勝鬘》、《如來藏》、《法華》、《涅槃》等四十餘部經，《寶性》、

《佛性》、《起信》、《十地》、《法界》、《涅槃》等十五部論。雖或頓或漸不同，據所顯法體，皆屬此教，全同禪門第三直顯心性之宗」（大正四十八，四〇五上）。由此可知，宗密大師的華嚴五教判，不是漏列了法藏大師所說的頓教，而且也不同於傳統華嚴諸師僅把《華嚴經》列為別教一乘的作法。宗密將一切宗派匯入一個禪宗，又把禪宗分為息妄修心、泯絕無寄、直顯心性的三宗，再以前說的三種教，與此禪的三宗相配合，便成為禪教合一的全部佛教。所以不能僅把禪宗所依的《維摩經》列為頓教，就足以說明禪宗的內容了。這是宗密大師的新興教判法，是非常值得研究的。

⑮**三教皆可遵行** 這是中國佛教史上的思想特色，名為「三教同源論」，又名「三教融合論」，如果站在純佛教的立場而言，內學與外道，當然是有嚴格區別的，佛法或非佛法，也是非常明確的。但是佛教傳入中國後，與儒、道二教經過長時間的融合，佛教必須入方隨俗，必須肯定一切都是佛法，必須承認和尊重儒、道二教對於治世的功能，因此而形成了三教同源一致而互不相悖的思想。此不僅中唐的宗密在《原人論》及〈禪源諸詮集都序〉等文獻中提出來，早在後漢太尉牟融的《理惑論》中，已經見到。嗣後到了宋朝，明教契嵩的〈輔教篇〉、張商英的《護

法論》，乃至明、清以來的佛教諸大師中，包括明末四大師：雲棲、紫柏、憨山、蕅益等，主張三教融合同源的，亦大有人在（參看拙論《明末中國佛教之研究》第一章第三節）。今後還必須承認世界一切多元文化的共同價值。

⑯**窮理盡性** 這是借用儒家的《易經》所說：「和順於道德而理於義，窮理盡性以至於命。」宋朝淨源的《華嚴原人論發微錄》卷上的解釋是：「推萬法窮理盡性者，窮真如不變之理，盡萬法隨緣之性。易曰：窮理盡性以至于命，文同義別，其在茲乎。」此處是說，儒家的窮理盡性，實則尚未探得宇宙人生之根本源頭，唯有佛教方能做到。也就是以《起信論》的真如不變來釋《易經》的理，以《起信論》的萬法隨緣來釋《易經》的性，問題便明白解答了。

⑰**了教** 是指的了義經所說的「了義教」。了義教是與不了義教相對的。這是《維摩經》卷下〈法供養品〉以及《大般涅槃經》卷六所說的四依之一，所謂四依是選擇佛法來修學的四項準則，那便是：一依法不依人，二依義不依語，三依了義不依不了義，四依智不依識。依據《大般涅槃經》卷六，對於了義不了義的解釋，是指無上大乘為了義經，聲聞乘為不了義經。若依據《大智度論》卷九的解釋：「依了義經者，有一切智人佛第一，一切諸經書中佛法第一，一切眾生中比丘僧第

一，布施得大富，持戒得生天，如是等是了義經。如說法師，說法有五種利，一者大富，二者人所愛，三者端正，四者名聲，五者後得涅槃，是為未了義。」（大正二十五，一二五中）

由上可知，若係說的人天教及小乘教，是不了義教，若係說的無上大乘教，讚歎佛、法、僧三寶，並且布施利人和持戒自淨身、口、意三業的，便是了義教。若依《原人論》的前後文義來解讀此處所說的「了教」，唯有「會偏令圓」的一乘顯性教，或名顯示真心即性教。此乃是以《華嚴》為首的四十餘部經，以《寶性》為首的十五部論，凡是宣說佛性、真如、如來藏的，都是「了教」。至於人天、小乘、法相、破相的四教，應該是「習權」守「滯」的「淺」教，是「不了教」（另請參閱本書第四章第一項考釋「佛了義實教」條）。

第二章 斥迷執

——評析習儒道者

原文與語體對照

儒道二教說，人畜等類①，皆是虛無大道生成養育②。謂道法自然，生於元氣③，元氣生天地，天地生萬物。故愚智、貴賤、貧富、苦樂，皆稟於天，由於時命④。故死後卻歸天地，復其虛無⑤。

依據儒教及道教之說，人與畜生是相等類的，因為都是從虛無大道生成、養育的。所以主張道是仿效自然而出生元氣，由元氣而生天地，由天地而生萬物。因此，不論人之愚或智、貴或賤、貧或富、苦或樂，皆稟受於天，皆由於天時也、天命也。所以人在死後，回歸於天地，復還其虛無。

然外教宗旨，但在乎依身立行⑥，不在究竟身之元由，所說萬物，不論象外；雖指大道為本，而不備明順逆、起滅、染淨因緣⑦。故習者不知是權，執之為了。今略舉而詰之。

所言萬物皆從虛無大道而生者，大道即是生死賢愚之本，吉凶禍福之基，基本既其常存，則禍亂凶愚，不可除也，福慶賢善，不可益也，何用老莊之教⑧耶？

像這樣的外教宗旨，乃在乎修身齊家之行為，不在於探究此人身之根本，其所說的宇宙萬象，不會討論其象外之根源；雖然指出，萬物皆以大道為其根本，卻未具體說明其順逆、起滅、染淨之因緣。所以習於儒、道二家的人士，不能自知是權巧之說而執著以為是究極之教。故今略舉數語要點，來論判儒、道二教。

若如所說，宇宙萬物，真的皆是從虛無的大道而生者，那麼，虛無的大道，即是人之生死及人之賢愚的根本了，也是人之吉凶、人之禍福的根基了。若然，則人之基本的虛無大道既是常存常在的，人之禍亂、人之凶愚，當亦永遠不可消除了，因此，成了福慶不可求，賢善又道育虎狼，胎桀紂，天顏冉，禍夷齊⑨，何名尊乎？

又言萬物皆是自然生化，非因緣者⑩，則一切無因緣處，悉應生化，謂石應生草，草或生人，人生畜等。又應生無前後，起無早晚，神仙不藉丹藥，太平不藉賢良，仁義不藉教習，老、莊、

無所益，那還用得著老莊之教嗎？再者，總不能說，虛無之大道，也養育了虎狼等猛獸、孕育了桀紂等暴君、夭折了孔門的賢者顏回及冉耕、降禍給了歷史上的大賢人伯夷和叔齊兩兄弟吧？如果真的是這樣，又如何能被名為至尊的大道呢？

又如果說，宇宙萬物，皆是從自然之所生養、之所化育，不是從因緣聚合而生的話，那麼一切無因無緣之處，皆應有生養及化育的功能了。例如石應該能生草了，草應該能生人了，人應該能生畜類等等了。並且應該出生沒有先後了，生起也沒有早晚了，道士不用假藉金丹妙藥就可以成為神仙了，不需賢良之士國家就能太平無事了，不必教育的培養人就知道

周、孔⑪，何用立教為軌則乎？

又言皆從元氣而生成者，則欻生之神⑫，未曾習慮，豈得嬰孩便能愛惡驕恣焉？若言欻有自然，便能隨念愛惡等者，則五德六藝，悉能隨念而解，何待因緣學習而成？

仁義的德目了。果真是如此的話，又有誰還需要老子、莊子、周公、孔子等人，提倡修身齊家之教，宣揚治國平天下之理，以做為共同遵守的規則呢？

又如果說，宇宙萬物，皆是從元氣之所生育、之所成長的話，人在初出生時的赤子之心，尚在未經學習如何思慮的嬰兒狀態，怎麼就已有了貪愛、厭惡、驕縱、恣意的心理現象呢？如果說初出生時的嬰兒心靈，自然便能有隨念而起的貪愛及厭惡等的心理功能者，那麼以之類推，有關仁、義、禮、智、信的五德，以及禮、樂、射、御、書、數的六藝，也必能夠隨念而解，又豈用得著學習的因緣才可成就呢？

又若生是稟氣而欻有，死是氣散而欻無，則誰為鬼神⑬乎？且世有鑒達前生、追憶往事，則知生前相續，非稟氣而欻有。

又驗鬼神，靈知不斷，則知死後，非氣散而欻無，故祭祀求禱，典藉有文⑭。況死而蘇者，說幽途事，或死後感動妻子，讎報怨恩，今古皆有耶。

又如果說，人之出生，是稟承元氣，忽然而有，人之死亡，是因元氣散失，忽然而無，那麼，或鬼或神，到底又是什麼呢？事實上，我們這個人世間，的確有能夠明鑑前生而追憶往事的人士。以此證知，人之出生，乃由於生前的相續而來，並不是稟承元氣，忽然而有的。

又可以鬼神的靈知不斷，做為驗證，便知道人之死後，並不是由於元氣散失，便忽然而無。因此，古聖先賢才會祭祀鬼神，並向鬼神祈求祝禱，在《禮記》及《書經》等的古籍中，乃有明文記載。況且也有人死而復活，述說幽冥界事；或者有人於死亡之後，顯靈託夢，感動妻兒眷屬，要求代為酬恩報怨，亦是古今皆有之事。

外難曰：若人死為鬼，則古來之鬼，填塞巷路，合有見者，如何不爾？答曰：人死六道，不必皆為鬼，鬼死復為人等，豈古來積鬼常存耶？且天地之氣，本無知也，人稟無知之氣，安得欻起而有知乎？草木亦皆稟氣，何不知乎？

當然，外教的人士，可以反駁我說：如果真的是人死為鬼，那麼自古以來的鬼，數量之多，填巷塞路，豈不是多得滿處都是鬼了？應該是人人皆可處處見鬼，為何事實上卻並非如此呢？我給的答案則要說：人死之後，可去之處，共有天、人、阿修羅神、餓鬼、畜生、地獄的六道，不必人死之後皆成為鬼，鬼死之後亦不必又生為人，其餘諸道的生死來去，亦是如此。依此道理可知，自古以來，鬼的數量，豈是累積而常存的呢？何況天地之元氣，本來是混沌無知的，人類如果真的是稟承此無知的元氣忽然而生，又豈能變成有知的萬物之靈呢？否則，草木也是稟承無知的元氣而生，為何是沒有所知的呢？

又言貧富、貴賤、賢愚、善惡、吉凶、禍福，皆由天命⑮者，則天之賦命，奚有貧多富少、賤多貴少、乃至禍多福少？苟多少之分在天，天何不平乎？

況有無行而貴、守行而賤、無德而富、有德而貧，逆吉、義凶、仁夭、暴壽，乃至有道者喪、無道者興。既皆由天，天乃與不道而喪道，何有福善益謙之賞、禍淫害盈之罰

又如果說，人之貧富、貴賤、賢愚、善惡、吉凶、禍福等的差異性，皆是同稟於天命的話，那麼，天之賦命於人，豈會有貧者多而富者少、賤者多而貴者少、乃至禍者多而福者少的問題呢？假如說，多少之分的差別待遇，真的是在於天命，天又何其不公平呢？

況且世間尚有更多不合理的現象，例如夏之桀王、殷之紂王，不行王道而為貴人，有人雖然行為端正卻被視為低賤之輩，有人不守道德規範卻富可敵國，有人有道有德卻非常貧窮，有人逆上欺下卻事事吉利，有人義及雲天卻遭凶險，有人仁民愛物卻夭而不壽，有人暴戾凶狠卻能高壽，乃至有道者喪亡而無道者興隆。

焉？又既禍亂反逆，皆由天命，則聖人設教⑯，責人不責天，罪物不罪命⑰，是不當也。然則《詩》刺亂政、《書》讚王道、《禮》稱安上、《樂》號移風，豈是奉上天之意、順造化之心乎？是知專此教者，未能原人。

假如這些都是出於天意的話，天便是有意要使得無道者興而使有道者喪了。如果真的如此，天豈有福善益謙之賞、禍淫害盈之罰呢？又假如凡是禍亂與反逆，既都是由於天命，則聖人教誡我們要責怪人而不得責怪天，要問罪於物而不得問罪於命的說法，應該是不恰當的了！然而，儒家的《詩經》譏評亂政，《書經》讚頌王道，《禮記》稱道治民安上，《樂經》則號稱移風易俗，豈是為要遵奉上天之意而順造化之心的嗎？由此可知，專門偏執此儒教的人士，並未能夠究極人之根本源頭了。

考釋條目

①人畜等類　此句的出處，也如前面釋題中所舉，乃是韓愈的〈原人〉所說

宇宙觀的本體論，該文有謂：「形於上，日月星辰皆天也，形於下，草木山川皆地也，命於其兩間，夷狄禽獸皆人也。」韓愈是以三分法的一元論，來看宇宙萬物及其本體，目的是在表達他所主張的一個觀念，便是：宇宙萬物的本體和人生的道理是通體相連的，他以為聖人看待萬物是「一視而同仁，篤近而舉遠」的。因為宇宙的本體是道，所謂天有天道，地有地道，人有人道，而此道的本質是仁，人生的大道便是應對萬物一視同仁；在道和仁的融合之下，天、地、人的三才，也就合而為一體了。以此道及仁，推衍出來的哲學思想，便認為一切存在於天地之間的夷狄禽獸，都是屬於人的範圍了。因此他又說：「天道亂，而日月星辰不得其行；地道亂，而草木山川不得其平；人道亂，而夷狄禽獸不得其情。」他是主張本乎道而行乎仁的，所以天、地、人三才，才能各得其行、各得其平、各得其情。聖人既對萬物「一視而同仁」，依此觀點看「人畜等類」，也就順理成章了。儒與道，雖屬二教，但彼二教，都主張宇宙萬物，皆由一個「道」字發展出來的，由此萬物一體觀，便產生了人畜等類的思想了。韓愈主張「文以載道」的道，不僅是狹義的人道，而且還包含廣義的天道和地道。

②**虛無大道生成養育**　此語並非《老子》的原句型，而是意取於《老子》第

二十五章，其原文為：「有物混成，先天地生，寂兮寥兮，獨立而不改，周行而不殆，可以為天下母。吾不知其名，字之曰道，強為之名曰大。」又於第三十四章有云：「大道汎兮其可左右，萬物恃之以生而不辭，功成不名有，愛養萬物而不為主，常無欲可名於小，萬物歸之而不為主，可名於大。」

大道既是先於天地而生，並且是寂然無聲的，又是寥邈無形的，所以便是虛無的大道。又以大道既是泛遍於一切時空，並且資生萬物而不自有其能，是生成萬物、是愛養萬物，也為萬物之所歸屬，卻不做萬物之主宰，所以是虛無的大道。其實虛無的大道，因常無欲，故亦可名於小的，最小則莫過於虛無了，因此大道即是虛無。

③**道法自然，生於元氣**　「道法自然」這句話，出典是《老子》第二十五章的：「人法地，地法天，天法道，道法自然。」是說人順於地，地順於天，天順於道，道循乎自然。這是三分法的一元論，皆以自然法則的道，為萬物生起之本源。道是自然而然，不是人格的神，不是創造天地萬物的主宰者。第五十一章有云：「道生之德畜之，長之育之，成（亭）之熟（毒）之，養之覆之；生而不有，為而不恃，長而不宰，是謂玄德。」

「生於元氣」這句話，也找不到成語的出典，不過在《漢書．律曆志》中，有「太極元氣，函三為一」的記載，也就是一元伊始之氣，涵容有天、地、人的三才，也可以說，元氣便是天地萬物的始氣。

在《周易》第一乾卦的卦辭，便是「元亨利貞」四字。依據孔穎達疏有云：「言此卦之德，有純陽之性，自然能以陽氣始生萬物，而得元始、亨通，能使物性和諧、各有其利，又能使物堅固、貞正，得終此卦。」這也就是萬物生於元氣的道理了。又於《易經》坤卦的卦辭中有云：「至哉坤元，萬物資生，乃順承天。」萬物皆由乾元（純陽之氣）所資始、坤元（純陰之氣）所資生，但是坤元之生萬物，必須承乾元之所始；天屬乾元，地屬坤元，所以地生萬物必須承順於天，這便是《原人論》所指「元氣生天地，天地生萬物」的道理了。

《原人論》在此處，是引用道教的《老子》，儒教的《易經》，來介紹儒、道二教的萬物本源論，並說明該二教的人生觀是「稟於天，由於時命」，目的是要指出，所謂聽天由命的道理，是不夠透徹的。

④**時命**　時命與時運相當，例如《楚辭》中嚴忌所作〈哀時命〉有「哀時命之不及古人兮」的句子。所以王勃的〈滕王閣序〉也有「時運不濟，命途多舛」

之句。在《易經》的〈無妄〉，有將天道稱為命的，故云：「大亨以正，天之命也。」在《禮記・中庸》所見的「天命之謂性，率性之謂道」，是指天所賦與人的意思，因此鄭玄註云：「天命，謂天所命，生人者也。」能夠順乎天命的人，便知「道」是什麼了。孔穎達疏云：「人感自然而生，有賢愚吉凶，若天之付命遣使之然，故云天命。」孔子在《論語・為政》中所說「五十而知天命」，即是孔子到五十歲時，便能接受命運的事實了，因為各人的命運是稟受於天的，不是人為所能強求的，因此而於《論語・顏淵》章中，子夏會說「死生有命，富貴在天」了。不過孔子所信的天，就是自然法則的道，不是人格的神，不是萬物之主宰。雖然孔子與老子對於宇宙生養萬物的法則，各有不同的表達用語，但在宗密看來，不論如何表達，內涵都是相同，都不出乎自然也、大道也、天地也、時命也。（另參閱本章第十五項考釋「天命」條）

⑤**死後卻歸天地，復其虛無**　雖然孔子在《論語・先進》章中答季路之問而曰：「未能事人，焉能事鬼？」「未知生焉知死？」孔子對於人之生前事與死後事，乃是未知論者，他不否定也不肯定生前與死後的有或無。但是在宋人淨源的《華嚴原人論發微錄》卷上說：「死後卻歸天地者，《禮記》云：魂氣歸于天，骨

肉歸于地。復其虛無者，謂歸其根本也，即《道經（老子）》云：歸根曰靜，靜曰復命。」也就是說，人死之後，返歸於天地，是儒教的《禮記》之見；人死之後，復歸其虛無，是道教的《老子》所說。

其實，《老子》第十六章，在這兩句話的前後，對於「復其虛無」，尚有更清楚的說明云：「致虛極，守靜篤；萬物並作，吾以觀其復，夫物芸芸，各復歸其根。歸根曰靜，靜曰復命；復命曰常，知常曰明。」其所謂的「致虛極」，是達於虛無之極；「守靜篤」，是保持其虛無的寂寥而至於極點。由虛無寂寥的大道，作育萬物，萬物必然要回到其根本，那根本便是靜篤，萬物復歸其根本的靜篤，名為復命。這是天經地義的恆常之道，能知此常道，便是明智的人。

⑥**依身立行**　儒家的《大學》「經一章」有云：「自天子以至於庶人，壹是皆以修身為本。」「傳」第八章又云：「身不修，不可以齊其家。」相對於《大學》的正心、修身、齊家、治國、平天下的以修身為核心，《老子》第五十四章，也有類似的一段話：「修之於身，其德乃真；修之於家，其德乃餘；修之於鄉，其德乃長；修之於國，其德乃豐；修之於天下，其德乃普。」一切大小德行，儒教以正心為基，修身為著力點，道教則直接以修身為開端。

⑦**順逆、起滅、染淨因緣**　這是站在佛教的立場，看儒、道二教，他們雖說萬物如何形成，卻不說那個生育萬物的大道本身，是否有順逆、起滅、染淨的因緣。其實，儒、道二教是自然主義的泛神論或唯物論者，不會以人的生命現象為中心，來推求人生生死的順逆、起滅、染淨等問題的。

所謂順逆、起滅、染淨，是依據緣起法的觀點而說。順著十二因緣，為生死的生起，是在染汙之中；逆著十二因緣，為生死的還滅，是在清淨之中。宋人淨源的《華嚴原人論發微錄》卷上，則說：「順逆、起滅、染淨因緣者，若迷真逐妄，從微細順次生起，展至麁，此明染因緣也；若悟妄歸真，從麁重逆次斷除，展轉至細，此明淨因緣也。」這是依據〈禪源諸詮集都序〉的論義而說，也是《大乘起信論》所說的三細六麁。在《外道小乘涅槃論》中，則有云：「外道無因論師作如是說：無因無緣生一切物，無染因、無淨因。……自然而有，不從因生。」由此可知，印度的自然外道，以及中國的儒、道二教，推本窮源，是向人心之外的宇宙大道去求答案，所以無法說得清楚；佛教乃是從人的立足點來以人的身心，做為宇宙萬物的濫觴，人的身心是正報，人處的環境是依報。因此，只要人身的生死問題和人心的起滅問題解決了，生死流轉與生死還滅的順逆問題，也就解決了。宇宙萬物的本源，不在於眾生心外，乃在於隨著眾生心的染淨而有起滅的。這是一種因緣果報觀的真現實論，真正能夠處理宇宙萬物、形上形下、或始或終、合理不合理、公平不公平等的各種問題。泛神論者的道、天、神，只能受人敬愛而不能被人要求，所以無法滿足人的公平待遇及因果觀念。一神論者的神、上帝，是宇宙萬物的主宰，他有權威施恩於人，普世救人，也有權威懲罰於人，可是，人不得向神要求善惡因果的公平合理。唯有佛教以人為中心的順逆、起滅、染淨的因緣論，才能合理公平地解決、解答這些問題。

⑧**老莊之教**　這是以《老子》及《莊子》二書，為道教的代表。《老子》的作者，姓李，名耳，字聃。是周朝楚國人，其生平事略載於《史記》的〈老莊申韓列傳〉。《莊子》的作者，姓莊，名周，是周朝宋國人，也有說他是楚國人，與梁惠王及孟子同時。其實與其說老子與莊子是宗教家，不如說他二人是哲學家兼文學家，更為貼切。《老》、《莊》二書的文字優美洗練，思想深邃透剔，都是文學及哲學史上的偉大作品。由於道教將《老子》尊稱為《太上老子道德經》，把《莊子》尊稱為《南華真經》，大家就把此二位大思想家，當作道教的祖師了。由於莊子的思想，如《史記》的〈老莊申韓列傳〉所說：「其要本歸於老子之言。」所以

《原人論》中沒有特別引用其內容。

⑨ **桀、紂，顏、冉，夷、齊** 這六個都是古人名。「桀」是夏代的末代帝王，根據《史記》卷二〈夏本紀〉的記載，他是帝發的王子，名履癸，因他「不務德而武，傷百姓，百姓弗堪，迺召湯，而囚之夏臺，已而釋之，湯修德，諸侯皆歸湯，湯遂率兵以伐夏桀，桀走鳴條，遂放而死」。史家評他恃勇暴虐，荒淫無度，故為商湯征伐，放逐而死。

「紂」是殷商的末代帝王，《史記》卷三〈殷本紀〉有云：「帝乙崩，子辛立，是為帝辛，天下謂之紂。帝紂資辨捷疾，聞見甚敏，材力過人，手格猛獸，知足以距諫，言足以飾非，矜人臣以能，高天下以聲，以為皆出己之下。好酒淫樂，嬖於婦人、愛妲己，妲己之言是從。於是使師涓作新淫聲，北里之舞，靡靡之樂。厚賦稅以實鹿臺之錢，而盈鉅橋之粟，益收狗馬奇物，充仞宮室。益廣沙丘苑臺，多取野獸蜚鳥置其中。慢於鬼神。大聚樂戲於沙丘，以酒為池，懸肉為林，使男女倮，相逐其間，為長夜之飲。百姓怨望而諸侯有畔者，於是紂乃重辟刑，有炮烙之法。」由於紂王暴虐荒淫，終於周武王聯合八百諸侯伐紂，紂王殺諫臣比干，而謂「吾聞聖人心有七竅」，遂剖比干腹，觀其心。結果周武王與殷紂王，兩軍會戰於牧野，紂王兵敗，逃至鹿臺，「衣其寶玉衣，赴火而死」。周武王取紂王頭、殺妲己，追封比干墓，封殷之後代為周之諸侯。因此，史家凡稱暴君，都以桀紂並列。

「顏」是顏回，字子淵，亦名顏淵，是顏路的兒子，春秋時代的魯國人，被後世尊為復聖。在《論語》中，提到顏回的地方非常多，〈雍也篇〉有哀公問孔子的弟子中誰最好學？孔子說：「有顏回者好學，不遷怒，不貳過，不幸短命死矣，今也則亡，未聞好學者也。」孔子又說：「賢哉，回也！一簞食、一瓢飲、在陋巷，人不堪其憂，回也不改其樂，賢哉，回也！」〈先進篇〉中孔子說，在他的弟子群裡「德行，顏淵、閔子騫、冉伯牛、仲弓」。可知顏回是孔門弟子中的德行第一。孔子又以反面的語氣稱讚他說：「回也，非助我者也！於吾言，無所不說。」這是說顏回對於孔子之言，總是默識心通無所疑問，故也沒有提出疑問，來激發孔子更多的智慧之言。但是顏回在《論語．子罕》，對於孔子之道的稱頌，亦非他人所及：「顏淵喟然歎曰：仰之彌高，鑽之彌堅，瞻之在前，忽焉在後。夫子循循然善誘人，博我以文，約我以禮，欲罷不能。既竭吾才，如有所立，卓爾，雖欲從之，末由也已。」因此而孔子讚賞曰：「語之而不惰者，其回也與！」意思是顏回聽聞孔子之語，便會心解力行，造次顛沛，亦不會相違，不會怠惰，此乃群弟子們之所不及的事。到了〈先進篇〉中，孔子又說道：「有顏回者好學，不幸短命死矣。今也則亡。」對顏回的早夭，孔子極感傷痛，而說：「噫！天喪予！天喪予！」並且「哭之慟」。

「冉」也是孔子的弟子，名耕，字伯牛，在《論語》中的相關資料不多，除了〈先進篇〉中提到他是孔子的四大德行的弟子之一，另在〈雍也篇〉中，則有這樣的記載：「（冉）伯牛有疾，（孔）子問之，自牖執其手，曰：『亡之，命矣夫！斯人也，而有斯疾也！斯人也，而有斯疾也！』」這是孔子來探望重病而將彌留的弟子，從牖窗口伸手進去執冉耕之手，這是臨終的慰問，所以感嘆著說，照道理，這樣有德行的青年人，竟然得了這種不治之病，這也就是天命了！因為冉耕的德行，僅亞於顏回和閔子騫，所以孔子極感痛惜。

「夷、齊」是殷商時代的諸侯孤竹君的兩個兒子，在《論語》中有兩處提到伯夷、叔齊之賢，〈述而篇〉中子貢問孔子：「『伯夷、叔齊，何人也？』（孔子）曰：『古之賢人也。』曰：『怨乎？』曰：『求仁而得仁，又何怨？』」另一處則在〈微子篇〉中，孔子將伯夷、叔齊，與柳下惠、少連相對比，而說：「『不降其志，不辱其身，伯夷、叔齊與？』謂：『柳下惠、少連，降志辱身矣。』」這是孔子除了讚歎伯夷、叔齊是求仁得仁的賢士，又讚歎他們二人是不降志不辱身的隱逸之士。

有關伯夷、叔齊的歷史記載，則見於《史記》卷六十一的〈伯夷列傳〉，說他們是孤竹君的二子，司馬貞的《史記索隱》說，孤竹君是殷商所封，城在遼西的令支縣，傳至伯夷、叔齊的父親，名初，字子朝；伯夷名允，字公信；叔齊名智，字公達。他們父親預定要將孤竹城的領導權位交給小兒子叔齊，叔齊卻在父親死後把權位讓給兄長伯夷，伯夷則以父命不敢違背，遂逃去，叔齊亦不肯即位而逃走，國人立其中子。當周武王伐紂途中，伯夷、叔齊便前往叩馬而諫，指責周武王未先葬父（周文王）而出兵征戰，是不孝，以臣弒君（伐紂王），是不仁不忠。待「已平殷亂，天下宗周，而伯夷、叔齊，恥之，義不食周粟，隱於首陽山，采薇而食之」，「遂餓死於首陽山。由此觀之，怨邪非邪？或曰：天道無親，常與善人。若伯夷、叔齊，可謂善人者非耶？」

《史記》的作者司馬遷，在此篇列傳中接下來還慨嘆著說：「盜跖日殺不辜，肝人之肉，暴戾恣睢，聚黨數千人，橫行天下，竟以壽終，是遵何德哉？此其尤大彰明較著者也。若至近世，操行不軌，專犯忌諱，而終身逸樂，富厚累世不絕。……余甚惑焉！儻所謂天道，是邪非邪？」這也正是《原人論》於此處要詰問大道何以會「育虎狼、胎桀紂、夭顏冉、禍夷齊」的依據了。

⑩自然生化，非因緣者　對於宇宙萬物的形成與運作，乃是東、西方各高級宗教及各派哲學，都是必須討論和提出主張的重要課題。中國的佛教經論，主要是傳譯自印度梵文文獻，故在印度佛教思想史上，對於破斥各種外教論點的記載，相當地多。印度的哲學思想，總數有六十二見，或說有三十種外道，其中最具代表性的，有聲論、時論、數論、勝論、無因論或自然論等的外道哲學。印順法師在他的《中觀論頌講記》〈觀因緣品〉的「觀四門不生」項下，將印度的外道，整合為四大類，他說：「像印度外道講生，雖有很多流派，不出這四種：數論主張因果是一的，這是自生；勝論主張因果是異的，是他生；尼乾子主張因果亦一亦異的，是共生；自然外道主張諸法自然有的，是無因生。如果佛法中有執為自性有的，也不出這四門。」因為龍樹大師《中觀論》的第三頌，便是針對此四類外道思想而提出的駁斥，頌文說：「諸法不自生（破數論），亦不從他生（破勝論），不共（破尼乾子）不無因（破自然論）。」是以諸法因緣有，一切無自性，來破斥一切外道的妄計。更進一步，雖說有因緣、次第緣、緣緣、增上緣的四緣，生起一切法，由於諸法無自

性，四緣亦不能說是真的有其不變的自性，這就是中觀哲學。

此處《原人論》指出的「自然生化，非因緣者」，便相當於印度自然外道的無因論者所抱的主張。且看吉藏大師的《中觀論疏》卷第一末，對自然生的無因論，有如下的一段評介：

> 從自然生者外道推求諸法，因義不成，故謂萬法自然而生，但解自然有二家：若如莊周所論明，有之已生則不須生，無之未生復何能生，今言生者，自然爾耳。蓋是不知其所以然，謂之自然。此明自然有因自然無因。二者，外道謂諸法無因而生，名為自然。故經云：薊頭自尖，飛鳥異色，誰之所作？自然爾耳；《成實（論）》者謂：無明元品之惑，託空而生。皆無因之類也。（大正四十二，十五中）

這段疏文中，指明自然外道，共有兩類：第一類是莊子的自然有因無因論；第二類是外道及小乘《成實論》的自然無因論。以此可知，《原人論》要破斥的自然生化的無因論，是什麼對象了。

⑪**老、莊、周、孔**　這是四位古人的簡稱，即是老子、莊子、周公、孔子。此四人在《史記》中，均有資料記載，老、莊代表道教，周、孔代表儒教。道教的傳承系譜，一向是以黃帝、老子、莊子為其祖系的正統；儒家的道統，一向是以堯、舜、禹、湯、周文王、周武王、周公、孔子、孟子，為其遞嬗相傳的正統。《原人論》則取其中四位，為儒、道二教的代言人。

老子與莊子的傳記見於《史記》卷六十三的〈列傳〉第三；周公的傳記則見於《史記》卷三十三的〈世家〉第三；孔子的傳記見於《史記》卷四十七的〈世家〉第十七。有關老、莊，已在本章考釋第八條目中略做介紹。

周公旦，是周文王的兒子，周武王的弟弟，周成王的叔父。文王在世時，周公事父王極為孝順，兄弟之中無人能及。武王即位，周公常為輔翼武王用事居多，討諸侯、伐帝紂，殺紂爾後，封紂子以續殷祀，無一不是周公策畫建議、協助。嗣後武王遍封功臣，亦封周公於曲阜，是為魯公，周公寧願繼續留下來輔佐武王而未就封，當武王重病，乃至武王崩，成王尚在襁褓之中，周公唯恐天下諸侯叛變，乃踐祚代成王攝政，勤政愛民，禮賢下士，「一沐三握髮，一飯三吐哺」。但還是有人說他會害掉成王，因而作詩〈鴟鴞〉呈成王，得到成王的信任。等到成王長大而能親自聽政時，周公便還政於成王，並且北面而就臣位，以臣禮謹敬事成王。周公是一位多才多藝、能事鬼神的能臣。故為周朝改定官制，創制禮法，周王朝之文化，因此大備，奠定了嗣後八百年江山的根基。周公的確是位典型的儒教楷模。

孔子，是春秋時代的魯國人，名丘，字仲尼，傳說是周朝諸侯宋之後代，生於西元前五五一年九月二十八日，其實是魯襄公二十二年十月二十七日，即夏曆八月二十七日。孔子卒於魯哀公十六年四月，世壽七十三歲。曾為魯國司空、又為大司寇，行攝相事，誅魯大夫亂政者少正卯，魯國大治。其後周遊齊、周、衛、曹、宋、陳、蔡、葉、楚諸國，凡十三年，未被用於列國，周敬王三十六年，孔子六十八歲，回到魯國，著手致力於整作六經的大事業，刪《詩》、《書》，訂《禮》、《樂》、贊《周易》、作《春秋》。並以五德六藝教授弟子，立教範，垂道統，杏壇設教，有弟子三千人，德行卓越的有四人，身通六藝者七十二人。他自己是學無常師，又對學生是因材施教，有教無類，循循善誘，確立修身、齊家、治國、平天下的準則。中國的歷代帝王，多以儒教立國，故以孔子之教為中華民族的道統所寄，對於孔子的尊號，歷代多有追諡、加諡、改諡，唐開元年間諡為文宣王，直到清朝順治帝，諡為大成至聖文宣先師，順治十四年改稱至聖先師。《禮記．中庸》

所謂「唯天下至聖」，因為孔子對中華民族而言，乃是萬世師表。

⑫歘生之神　此非儒、道二教的用語，只因從印度哲學的觀點看儒、道二教，是屬於自然論或無因論的流類，除了本章考釋第三、十條目中，已引用自然外道的思想，與儒、道二教對比說明，現於此處，再引用無因外道的思想做對比。所以「歘生」一詞，源出於內外古典。是古字，音忽，忽然的意思。《康熙字典》謂此本為欻字，引《關尹子・四符篇》云：「吾之神一，歘無起滅。」又引石崇〈思歸引序〉云：「歘……與欻同，忽也、疾也。」

在《長阿含經》卷十四的《梵動經》，有介紹無因論者的論點說：「我本無有，今忽然有，此世間本無今有，此實餘虛。……諸沙門婆羅門，因此於本劫本見，謂無因有。」（大正一，九十二上）這是印度外道中的無因論師，討論宇宙人生的根本源頭時，說出的本來無有，「忽然」而有的主張。

唐代道宣律師的《四分律行事鈔》卷下四，說到破斥十種外道的一段文字之中，有云：「破自然外道，如櫝子飲乳、棘尖、烏黑、火上、水下、風輕、地重，並無有因，自然而生。」（大正四十，一五〇下至一五一上）這是將自然外道與無因論師，算作同一思想的說法。

唐代華嚴宗第四祖澄觀大師的《華嚴經隨疏演義鈔》卷十三，也曾介紹《瑜伽師地論》中破斥無因論，有云：「見世間無有因緣，或時欻爾，大風卒起，或時一日寂然止息，或時忽爾暴河瀰漫，於一時間，頓即空竭。」（大正三十六，一〇三上及中）這裡便見到以「欻爾」、「寂然」、「忽爾」等詞，來形容無因無緣突然發生的想法了。據澄觀大師自己說，此可參考《瑜伽師地論》、《顯揚聖教論》、《大毘婆沙論》、《金七十論》、《廣百論》等。

彌勒菩薩造的《瑜伽師地論》卷七，的確有如下的一段文字，記述無因論師的觀點：「問：何因緣故，彼諸外道，依止尋思，起如是見，立如是論：我及世間，皆無因生？答：略而言之，見不相續，以為先故。諸內外事，無量差別，種種生起，或復有時，見諸因緣，空無果報，謂見世間，無有因緣。或時欻爾，大風卒起，於一時間，寂然止息。或時忽爾，暴河瀰漫，於一時間，頓則空竭。或時鬱爾，果木敷榮，於一時間，颯然衰頓，由如是故，起無因見，立無因論。」（大正三十，三一〇下）這段論文幾乎就跟前見《華嚴經隨疏演義鈔》的內容相同。

可知，宗密大師的《原人論》，所引的「欻生」二字，大約就是《華嚴經隨疏演義鈔》的「或時『欻』爾」，以及《四分律行事鈔》的「自然而『生』」了。

《原人論》此處的「神」字，是指人的神識，或俗稱的靈魂、靈智。依自然外道的無因論者所說，人的生命既是忽然而有的，人的神識同樣也是欻生之神了。

⑬**誰為鬼神**　有關中國漢民族對於鬼神信仰的話題，我在拙著《比較宗教學》第五章第二節，有較多的論述。其中有說：

> （中國漢民族的）自然之神，是天神地祇，祖先之神，便是鬼。在印度宗教及基督教，對於鬼的觀念都不太好，印度宗教以鬼道眾生稱無祀的幽鬼，基督教則稱為魔鬼，這都是祟禍人類的東西。但在古代的中國人，對鬼卻很親切，《說文解字》中說：「人所歸為鬼。」釋言則謂：「鬼之為言歸也。」……可見古人深信，人死皆為鬼，視死如歸，做鬼並不可怕，只是從人世轉往另一個社會而已。並且相信，人鬼之間尚可交往，做了鬼尚有機會對人間的怨家報仇，也有機會對人間的恩人報恩。
>
> 至於對神的信仰，從《禮記・祭義》，知道中國先民，曾有圖騰崇拜；普遍而歷久不衰的則為庶物崇拜，對象是日月星辰、自然氣象、自然山水、社稷。由社稷

崇拜，然後演變為祖先崇拜，乃至城隍、土地，也是從社稷崇拜衍生出來的。歸結而言，共有三類神：圖騰神、自然神、祖神。有功勞有德行的人死後，不一定是否直系親屬，皆得被尊為漢民族共同的祖神，一般的庶民死後，即歸到祖先處去，稱之為鬼。因此後代民間，都將為自家祖先所立的木主，尊稱為神主。可知漢民族所信鬼與神的界限，是很複雜而有些模糊的。

此處《原人論》要提出的詰難，是說，若照儒、道二教的自然與無因觀念，既然萬物皆是忽然而生，忽然而滅，沒有來源，沒有去處，那麼儒、道二教所信所講的鬼神，究竟是有還是沒有？如有，又是從何處來的？如果說人死之後，由於靈知不斷，而成為鬼神，鬼神也是萬物之一環，為何又不是無因而欻生的呢？人死之後，既可為鬼神，足徵也不是氣散而欻無了。

至於《原人論》所舉「鑒達前生、追憶往事」、「死而蘇者，說幽途事，或死後感動妻子，讎報怨恩」等事，在古今的正史、野史中，也多有記載。清朝陳夢雷編的《古今圖書集成》中之《神異典》，即有七十部共計三百二十卷。如果不信有鬼神的因緣，那豈不是頑固？

⑭**祭祀求禱，典藉有文**　有關對於天地鬼神祭祀和祝禱的記載，在中國古籍

中是相當豐富的。最具代表性的一部書是《禮記．祭法》，有祭時、祭寒暑、祭日、祭月、祭星、祭水旱、祭四方。「有天下（的王）者，祭百神，諸侯在其地則祭之，亡其地則不祭。」又說：「王為群姓立七祀：曰司命、曰中霤、曰國門、曰國行、曰泰厲、曰戶、曰灶。」君王自為立七祀，諸侯為國立五祀，士庶及庶民立一祀，或立戶、或立灶。君王的七祀，如除去司命及泰厲，又被稱為五祀。這些祭祀的內容繁複，今人不輕易懂得，我們所知的是祭自然、祭天象、祭庶物、祭祖先、祭門戶、祭灶君。迄今的中國民間，還有不少被流傳著。另在歷代的經、史、子、集之中，多多少少，均有祭祀的記載。

中國古代的「天」，是有意志的，是能賞善罰惡的，縱然老子和莊子，把天的理念，轉化成無意志的「道」而名為自然，可是尚會主張「天網恢恢，疏而不失」。雖然孔子曾說：「天何言哉！四時行焉，百物生焉，天何言哉！」卻又主張「祭如在，祭神如神在」。又說：「未能事人，焉能事鬼。」卻照樣要祭祀天地鬼神。可見儒、道二教，雖不願承認有人格的天、鬼、神，但也無法否定天有懲惡的意志，對於天地鬼神，也不得不祭。這是相當有趣的態度。

⑮**天命**　在本章考釋第四條目「時命」條下，已對天命的意義，做了一些介

紹。其實在《詩經》及《書經》中的天，是有意志的，甚至是人格化的，例如要「敬天之怒」，「畏天之威」，故說「上帝監民，罔有馨香德」，又說「天亦哀於四方民」。所以君主是稟天命來牧民，例如《詩經》云：「天命玄鳥，降而生商。」故稱君主為天子。但是到了老莊，便把人格化的昊天上帝，轉變為自然的大道，例如莊子說，「道」是「無所不在」，道乃遍於萬物，萬物無不是道。至於孔子，則認為天不是人格的神，是無意志的，所以主張「獲罪於天，無所禱也」。

其實《原人論》所指的儒、道二教，便是針對先秦的孔孟及老莊哲學，所做的辯駁，不是針對秦漢以下由巫術、方士轉化成的道教，也不是董仲舒於《春秋繁露》中，以儒者身分來提倡陰陽五行的迷信而所謂的儒教。由於老莊孔孟的天命，不是一神論的人格神；自然的大道，也不是第一因，故與印度的無因論相同。假如說自然大道的天命，也算是造化萬物的第一因，為何對於萬物之靈的人類，會給予各式各樣的差別待遇呢？所以《原人論》要問：「苟多少之分在天，天何不平乎？」

⑯**聖人設教**　不論是老莊的言教，或者是孔孟的言教，最高目的，都在教人如何成為聖人。何謂聖人？《易經．乾卦》云：「聖人作而萬物睹。」《白虎通．聖

人》條云：「聖者，通也、道也、聲也。道無所不通，明無所不照，聞聲知情，與天地合德。」可見，聖人是萬物的準繩，是萬德的表率。

孔子、老子，都以聖人之心行，做為普世人間的準則。具體地說，孔子在《中庸》第十七章有云：「舜其大孝也與，德為聖人，尊為天子，富有四海之內。……故大德必得其位，必得其祿，必得其名，必得其壽。」這是大德聖人的標準楷模。又於《中庸》第二十七章中說：「大哉聖人之道，洋洋乎！發育萬物，峻極于天。」這種標準，可能只有孔子心目中的堯、舜、禹、湯、文、武、周公，才最合格稱為聖人。因此在第三十一章中對於聖人的標準要求是：

> 唯天下至聖，為能聰明睿知，足以有臨也；寬裕溫柔，足以有容也；發強剛毅，足以有執也……，溥博如天，淵泉如淵。見而民莫不敬，言而民莫不信，行而民莫不悅。

這樣的至聖，實在唯有能以王道一統天下的君王當得，必須以德服人，以仁行政，勤儉治國，愛民如子，智勇兼備者，方能稱為聖人；理想的聖人，必須是內聖而外王的人。因此，儒家雖然尊稱孔子為聖人，但他只承認是在傳授聖人之教，他自己謙虛地說：「若聖與仁，則吾豈敢？」孔子將人類分為聖、賢、君子、小人的四等，因為他不能跟上古的聖君相比，最多他是一位賢相。但他的確是聖人之教的集大成者，也是傳授者。

至於老子，也經常以聖人的心行來勉勵人，現在抄錄《老子》對於他理想中的聖人風範，所說的話：

第四十七章云：「是以聖人不行而知，不見而名，不為而成。」這是無為而無不為的例子。

第四十九章有云：「聖人無常心，以百姓心為心。」這也是以有道有德的君主做為楷模。又說：「聖人在天下，歙歙焉，為天下渾其心，百姓皆注其耳目，聖人皆孩之。」這是說，為君王的人，必須是為天下人的幸福而憂勞勤奮，與天下人同一條心，百姓在他的耳目中，都像是慈母看待嬰孩那樣。

第六十三章云：「聖人終不為大，故能成其大。」是說身為聖人者，必不為己而自大，所以聖人虛心而能容萬物，終成其大。第七十二章又說：「聖人自知不自見，自愛不自貴，故去彼取此。」是說聖人雖有自知之明，卻不自見有何了不得；

雖能潔身自愛，卻不以為自己有何高貴。所以去自慢與自貴，而取自知與自愛。

第八十一章云：「聖人不積，既以為人己愈有，既以與人己愈多。天之道，利而不害；聖人之道，為而不爭。」這是說，聖人只想到要貢獻給他人，沒有想到要為自己爭取什麼。結果是愈努力奉獻給人，自己所獲得的卻愈來愈多。

從老子之言來看，他所稱頌的聖人，固然也有對君王的期許，但亦未必要做到了君王，才能成為聖人，像老子自己這樣的一位國家圖書館館長（藏室吏、柱下吏），也就可以被稱為聖人了，只是他沒有說自己是聖人，因為他的聖人之教，便是教人要去自慢與自貴的。

由此可知，《原人論》所說的「聖人設教」，便是儒、道二教的聖人之言。是指四書五經以及老莊的著述。同時，也必須了解，儒、道二教的聖人，跟佛教的聖人、跟基督教的聖人，標準都是不同的，同樣可以稱為聖人設教，此一教的聖人之教和彼一教的聖人之教，是無法混為一談的。

⑰**責人不責天，罪物不罪命**　站在儒、道二教立場，天命是屬於形而上的大道和元氣，不是有意志的人格神，屬於一元的泛神論，甚至「自然」雖是萬物的本源，也屬於物質的範圍，不是造物的主宰，因此，天命就是自然現象的自律運作，

是原理、是規則，不是可被人類來期待和要求的特定對象。人類發生了任何狀況，雖是出於天命，卻不可以責問於天，也不可以怪罪於命，而是要人類自責自罪；故所以天命作孽是應該被諒解的，人物作孽乃是不可以不糾正的。因而養成了中國民族「聽天命」而「盡人事」的人生觀。此謂樂天知命，無怨無尤，接受自然，重視人文而輕於自然科學的民族性，也是在這種思想下形成的。

《原人論》之所以提出此一論點，是看出了自然的元氣和天命的造化之間，是有矛盾的，自然既是無意志的，天命造化，又是有「意」有「心」的，若說有意有心的天命，為人間製造了許多不合情理的事，那就是非常地不妥當了。

第三章　斥偏淺

——評析習佛不了義教者

原文與語體對照

佛教自淺之深，略有五等①：一人天教，二小乘教，三大乘法相教，四大乘破相教上四在此篇中。五一乘顯性教此一在第三篇中。

釋迦佛的教法，由淺而深，簡略地說，可有五個次第，一是人天教，二是小乘教，三是大乘法相教，四是大乘破相教前四在此篇中，五是一乘顯性教後一在第三篇中。

考釋條目

①**佛教自淺之深，略有五等**　歷代的佛教諸大師們，為使包容一切層次的佛陀教法，所以需要用教判方式來整合全部的佛陀教法。分為五等，乃是華嚴宗的教判思想方式。教判思想發源於印度，盛行於中國，不僅各種宗派各有自家的教判標準，在同一宗派之中的前後兩代之間，也有不同的判法，乃至同一位大師的一生之中，早年期與晚年期的判法也有差異，此在華嚴宗是特別明顯的。例如華嚴宗的第二祖智儼，從其青年期所著的《搜玄記》來看，用的是漸、頓、圓的三教判，把《華嚴經》置於頓、圓二教；於其《五十要問答》是用小乘、三乘、一乘的三教判，當然把《華嚴經》置於一乘教；就其晚年作品《孔目章》而言，是採用小教、初教、終教（熟教）、頓教、圓教（一乘）的五教判，將《華嚴經》置於圓教（一乘），已不把《華嚴經》和頓教說成有關係了。

法藏是華嚴宗的第三祖，他繼承了第二祖智儼《孔目章》的五教判模式，又參考了當時最新傳入中國而成立的法相宗，所主張的八宗之教判（見於窺基的《法華玄贊》），形成了法藏的五教十宗之教判，這是在他《華嚴五教章》以及《華嚴經探玄記》中表現出來的。根據《探玄記》卷一所說的五教，即是小乘教、大乘始教、終教、頓教、圓教。小乘教即是小乘諸部經論所說的。大乘始教是依據《解深密經》認為定性二乘不能成佛，未盡大乘法理，論書則有《瑜伽師地論》及《雜集論》等，故名始教。大乘終教，是依《楞伽》等經，《寶性》等論所說，許可定性二乘及無性闡提，悉當成佛，方盡大乘至極之說；然以始教及終教，皆須依照各地位階漸次修成，故俱名漸教。大乘頓教，是依《淨名經》（《維摩經》）所說，但能一念不生，即名為佛，不循位地，不落漸次。一乘圓教，是依《華嚴經》所說，是一位即一切位，一切位即一位，帝網重重，主伴具足，是故十信滿心，即總攝五位，成等正覺，名之為「信滿成佛」。

至於《原人論》的著作者宗密，雖被尊為華嚴宗的第五祖，他所說的五教判，跟智儼、法藏的五教判，立場不同，內容也不同。他在〈禪源諸詮集都序〉，以禪之三宗，配教之三教；到了《原人論》，則將三教分判為五教。茲以列表說明如下：

〈禪源諸詮集都序〉之三宗三教　　《原人論》之五教

息妄修心宗—密意依性說相教

　　人天因果教 …… 人天教（收攝儒、道二教）

　　斷惑滅苦教 …… 小乘教

　　將識破境教 …… 大乘法相教

泯絕無寄宗—密意破相顯性教 …… 大乘破相教

直顯心性宗—顯示真心即性教 …… 一乘顯性教

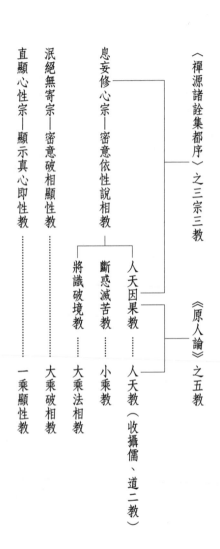

法藏的五教十宗判，與宗密的五教判，是有滿大出入的，試對照如下：

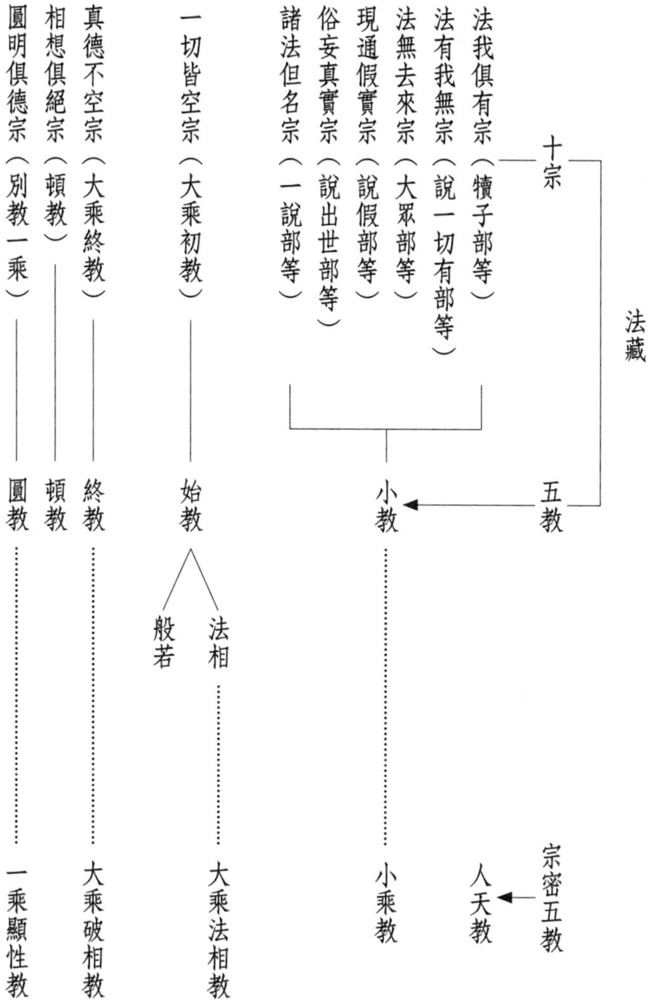

宗密與法藏五教判的相同點，是故意要把玄奘及窺基師徒所新成立的法相宗，貶抑成為大乘始教，理由是法相宗不承認定性及無性的眾生能夠成佛，原因也可能是當時的唯識學，正被當時的佛教視作顯學來研究吧！宗密與法藏不同之處，則更明顯，除了三宗配三教的不同之外，五教的判攝，增加了人天教，減少了頓教，並且，將始教的法相教獨立，將始教的空宗或終教，甚至跨入頓教，合併為大乘破相教。然後不討論頓教及圓教，而立第五的一乘顯性教，若與〈禪源諸詮集都序〉的三宗三教對照，《原人論》的一乘顯性教，已經涵蓋了法藏的頓教及圓教，故在一乘顯性教項內，攝屬《華嚴經》，並未將《華嚴經》稱為圓教及別教一乘。這是值得注意的，這是華嚴宗的新五教判。有關教判思想的發展，請參閱拙著《天台心鑰——教觀綱宗貫註》〈緒論〉第二節「大乘佛教的教判源流」。

為何《原人論》一改自印度以來各家教判的慣例，竟把人天教的儒、道二教，也列入佛教的範圍？其原因是中唐時代，像韓愈這樣的儒家大學者，正在如火如荼地推展著闢佛排道的運動，而道教的祖師爺老子李耳，又跟唐朝的李氏宗室同姓，佛教為了援引儒、道二教而來融入於佛教，宗密便以儒、道二教的人天乘法，納為佛教的初門，也屬於佛陀密意依性說相教第一個次第的前方便，接之成為人天因果教。這是三教同源論的一種教判法，也是中國大乘佛教的特色，能夠兼容並包內外各種思想學說，還能明確地指出：何者是迷，何者是偏，何者是淺，何者是深，何者是密意方便說，何者是顯了真實說。這也是給「圓人說法，無法不圓」及「佛觀一切法，無一非佛法」，做了最好的詮釋。

第一節　人天教

原文與語體對照

一、佛為初心人，且說三世業報善惡因果①。謂造上品十惡②，死墮地獄，中品餓鬼，下品畜生。故佛且類世五常之教（天竺世教儀式雖殊，懲惡勸善無別，亦不離仁義等五常，而有德行可修例。如此國斂手而舉，吐番散手而垂，

人天教乃是佛陀為了初心之人，說出三世業報及善惡因果的道理。說明人類若造上品十惡之業，死後墮於地獄道；若造中品十惡之業，死後墮於餓鬼道；若造下品十惡之業，死後墮於畜生道，因此，佛陀且說類於世間的五常之教（天竺國的世教儀式，雖殊異於中土，然其為了懲惡勸善而設，則無不同；亦不離此土儒家設立仁義禮智信等的五常之教，俾使人有德行可

皆為禮也，令持五戒不殺是仁，不盜是義，不邪淫是禮，不妄語是信，不飲噉酒肉，神氣清潔，益於智也，得免三途，生人道中。修上品十善③及施戒等④，生六欲天。修四禪八定⑤，生色界、無色界天題中不標天鬼地獄者，界地不同，見聞不及。凡俗尚不知末，況肯窮本，故對俗教，且標原人。今敘佛經理，宜具列。故名人天教也然業有三種：一惡、二善、三不動。報有三時：謂現報、生報、後報。據此教中，業為身本⑥。

今詰之曰：既由造業，受五道身，未審誰人造業？誰人受報？⑦若此眼、耳、手、足，能造

修。例如此國歛手而舉，彼國的吐蕃則垂手而立，皆為表示禮儀，令持五戒五戒的不殺生是仁，不偷盜是義，不邪淫是禮，不妄語是信，不飲酒食肉則神氣清潔，有益於智也，修五常持五戒者，即得免墮地獄、餓鬼、畜生的三途，而生於人道之中。若修上品十善及布施持戒等的道德行為者，即得生於欲界的六欲天上；若修四禪八定的禪定工夫者，即得生於色界天及無色界天題中未標明天、鬼、地獄者，由於三界九地各各不同，也無從見聞。凡夫俗士，尚未能知枝葉末節，何況有心窮及根本，故對世俗之教而言，姑且標題名為原人。如今於此，敘述佛經的義理，宜於具體條列。故名之為人天教至於造業，略有三種：一者惡業，二者善業，三者不動業；至於果報，亦有三種：一者現世報，二者來生報，三者後報。依據人天教中，乃以業為此身命之根本。

現於此處，可以假設一番辯論曰：既由造作三類業因而受五道之身的果報，未知造業的是哪個人？受報的是哪個人？假如說是此人的眼、耳、手、足是能造業的，那麼初死之人的

業者，初死之人，眼、耳、手、足宛然，何不見聞造作？若言心作，何者是心？若言肉心，肉心有質，繫於身內，如何速入眼耳，辨外是非？是非不知，因何取捨？且心與眼、耳、手、足，俱為質閡，豈得內外相通，運動應接，同造業緣？若言但是喜怒愛惡，發動身口，令造業者，喜怒等情，乍起乍滅，自無其體，將何為主而作業耶？設言不應，如此別別推尋，都是

遺體，眼、耳、手、足猶在，何以不能見聞造作呢？假如說是此人的心造作了業，那麼何者又是心呢？若說是肉團的心臟，其實物質體的心臟，是長在身體的內部，又如何能夠迅速地進入眼睛及耳朵，而立即辨別外在所見所聞事物的是非呢？若不知是非好惡，又豈能有取捨的功能呢？況且肉質的心臟，與眼、耳、手、足，都是物質體，都是互相隔閡的，豈又能夠內外相通、運動接應，而得共同造業呢？如果說，僅是喜、怒、愛、惡的情緒，發動了身體及口舌，而造作種種業的話，喜、怒等情緒是乍起乍滅的，不是恆常不變的，當然亦無其實體，那又是以誰為主而造作諸業的呢？假如說，不應如此將眼、耳、手、足、身、口及心臟等的器官各別分析推論，只要說，那都是我

我此身心，能造業者，此身已死，誰受苦樂之報？若言死後更有身者，豈有今日身心，造罪修福，令他後世身心，受苦受樂？據此則修福者屈甚，造罪者幸甚，如何神理如此無道？故知但習此教者，雖信業緣，不達身本。

人的這個身心能夠造業的話，那又要問：當此身已死之時，又由誰來受此苦樂等果報呢？如果說在死後另有身體的話，也有不通之處，豈有今世的身心造了罪業修了福業，卻令另外的後世的身心受苦受樂的道理呢？倘若如此，則此生修善營福的身心太委屈了，此生造罪作惡的身心又太幸運了。天下怎麼可能有如此沒道理的事呢？由此可以明白，但習人天教的人士，縱然相信造業受報之說，仍未通達人身之根本源頭是什麼。

考釋條目

①**佛為初心人，且說三世業報善惡因果** 討論這個主題的內容，可以說，在大、小乘經律論中，隨處可見，例如《佛為首迦長者說業報差別經》，以及《分別

善惡報應經》等，說得非常具體。《正法念處經》則詳明造作善惡業而淪於六道的事。例如佛陀最初三轉四諦法輪之時，便已點出，苦諦的意思，是眾生受苦的事實；集諦的意思，是眾生造作了受苦的業因。苦、集二諦，即是三世因果的生死流轉；在六道流轉的生死過程之中，有苦有樂，苦是所造罪業的結果，樂是所造福業的結果。對於初入佛法的人，很難相信解脫生死的道理，就是相信了解脫生死的好處，一時間也無法完成解脫生死的道業。所以佛陀慈悲方便，先叮嚀眾生勤修福業，便可在人間天上，享受幸福快樂。不論是修五戒十善，以及鼓勵布施，救濟貧病急難，孝敬供養師僧父母三寶，都是種的功德福田。所以，若不體達無我的空義，只是修善積福，只是布施、持戒、修定，雖都還是生死業，卻能保障不墮地獄、餓鬼、旁生的三途，生於人間天上，享受長壽、健康、富貴等的欲樂，以及四禪八定的定樂。如果以此為基礎，發菩提心，進修解脫道，便出三界；若修菩薩道，便能畢竟成佛。所以六波羅蜜以布施為第一要務，以持戒為無上菩提的根本。

因此，小乘的《大毘婆沙論》、《俱舍論》等，說到修行的性質，有三種順分：（一）順福分：外道及凡夫，不論已聞佛法或未聞佛法，由於信心尚未建立，修行尚未堅固，便以修持五戒十善等法，為求感得有漏的愛樂福報。（二）順解脫分：是聲聞外凡位的人所修，是在聽聞生死有患過，諸法皆無我、涅槃寂滅樂的法義，而能悲感流淚，此人便是已具順解脫分的善根。（三）順抉擇分：是聲聞內凡位的人所修，已見四諦之理的無漏勝慧，此為四善根（煖、頂、忍、世第一）的功德；能順益其見道的一分智慧，名為抉擇智，故名順抉擇分。

其實，大乘的《成唯識論》亦有三種順分，菩薩於初信位之前，修順福分。十信、十住、十行、十迴向位，修順解脫分。第十迴向位的四加行位，修順抉擇分。

由以上的說明可知，進入佛法的初門修行，的確便是善惡因果的人天福業。即使在阿彌陀佛的淨土法門，雖然屬於他力救濟的易行道，也不是僅靠念佛發願就夠的，例如《觀無量壽佛經》明示要修三種福業：「一者孝養父母，奉事師長，慈心不殺，修十善業。二者受持三歸，具足眾戒，不犯威儀。三者發菩提心，深信因果，讀誦大乘，勸進行者。」（大正十二，三四一下）這三種福業，一般稱之為世福、戒福、行福。也就是以修人天福德做為發菩提心的基礎，才能保證往生彼國。

②**十惡**　此與十善業道相反，故稱十惡業，又名十不善業道，梵語daśākuśalakarma，也是在大、小乘經律論中，俯拾即是的題材。所以相對於《十善業道經》，也有一卷馬鳴菩薩集的《十不善業道經》。

所謂十不善業道，是指身三業的殺生、偷盜、邪淫，口四業的妄言、綺語、兩舌、惡口，意三業的貪欲、瞋恚、愚癡。如何能斷十不善業道？便是修行十善業道。《正法念處經》說，如果不修十善業道而行十惡業道，便墮地獄、餓鬼、畜生（旁生）三惡趣中。造十惡業因，必感三惡趣果，以所造惡業的程度，區分三等，極重的墮地獄，中等的墮餓鬼，較輕的墮畜生。有關此等業因相、果報相，在《正法念處經》等，有相當繁複的敘述。

另於《佛為首迦長者說業報差別經》中，有云：「或有眾生，習行十不善業，得外惡報。」「復有十業，能令眾生得地獄報：一者身行重惡業，二者口行重惡業，三者意行重惡業。」其他七種是起了斷見、常見、無因見、無作見、無見見、邊見、不知恩報，是為十不善業。又云：「復有十業，能令眾生，得畜生報：一者身行中惡業，二者口行中惡業，三者意行中惡業。」其他則為從貪、瞋、癡的煩惱，起諸惡業，以及毀罵眾生、惱害眾生，施不淨物，行於邪淫。又云：「復有十業，能令眾生，得餓鬼報：一者身行輕惡業，二者口行輕惡業，三者意行輕惡業。」其他則為起於多貪、惡貪、嫉妒、邪見、愛著資生即便命終，以及（故使自身）因飢而亡、因枯渴而死（大正一，八九一下至八九三上）。

此經所言造作了十惡業的上、中、下三品，分墮地獄、畜生、餓鬼，與《原人論》所言的「上品十惡，死墮地獄，中品餓鬼，下品畜生」的次序是不盡相同的。

依據舊譯六十卷本的《華嚴經》卷第二十四，亦即〈十地品〉二十二之二所云：「行十不善道，則墮地獄、畜生、餓鬼。」（大正九，五四九上）三惡趣的輕重次第，乃與前引《業報差別經》相同。在《華嚴經》同一品同一頁上欄，又說：「此十不善道，上者地獄因緣，中者畜生因緣，下者餓鬼因緣。」新譯八十卷本《華嚴經》卷三十五，也說：「十不善業道，上者地獄因，中者畜生因，下者餓鬼因。」（大正十，一八五下）由此可知，《原人論》所說的三惡趣雖是根據《華嚴經》，而其次第則略有不同。

十惡業，何謂重、中、輕的三等？何謂上、中、下的三品？依據淨源的《原人論發微錄》卷中，以殺業為例，有說：造上品十惡，死墮地獄——約境，於父母造殺業，為上品；約心，則瞋心增勝，死墮地獄。中品餓鬼——約境，於餘人造殺業，為中品；約心，則慳貪增勝，死墮餓鬼。下品畜生——約境，於蚊蚋等起殺業，為下品；約心，則愚癡增勝，死墮畜生（《卍續藏經》，新文豐版一〇四，一九五下）。

其實善惡業報的因果關係，非常複雜，不是僅用如此機械式的分析，可以說得明白的。因為地獄道也有不同程度的不同類別，鬼道也有多財鬼、少財鬼及餓鬼，畜生道尚有千差萬別的等次及種類。依據新譯《華嚴經》卷三十五所說，行十不善業道的每一種不善業，除了能令眾生墮三惡道，亦說到「若生人中」，條條都得二種報。殺生者得短命及多病報，偷盜者得貧窮及共財不得自在報，邪淫者得妻不貞良及不得隨意眷屬報，妄語者得多被誹謗及為他所誑報，兩舌者得眷屬乖離及親族弊惡報，惡口者得常聞惡聲及言多諍訟報，綺語者得言無人受及語不明了報，貪欲者得心不知足及多欲無厭報，瞋恚者得常被他人求其長短及恆被他人惱害報，邪見者得生邪見家及心懷諂曲報（大正十，一八五下至一八六上）。

造十惡業，其實可得三類報，便是：現生不吉利的華報，死後墮三惡道的果報，從三惡道出來之後轉生為人而有種種不隨順的餘報。《華嚴經》所說的「若生人中」，並未明言是指果報或是餘報。若以常情判斷，是依所造惡業的輕重多少，加上有的可通懺悔，有的不通懺悔，而來決定須先受三惡道果報，再受人身的餘報，或者不必先受三惡道果報，便直接轉生為人，接受果報。

③**十善** 十善是十種善業，又名十善業道，梵文 daśa-kuśala-karma-patha，又

名十白業道，此在大、小乘聖典之中，亦處處都有論列。《集異門足論》卷三，稱此為「三妙行」，以身三善業為身妙行，口四善業為語妙行，意三善業為意妙行。《原人論》說：「修上品十善及施戒等，生六欲天。」然而《雜阿含經》卷三十七只說：「十善業跡因緣故，身壞命終，得生天上。」新譯《華嚴經》卷三十五亦說：「十善業道，是人天乃至有頂處受生因。」雖都說修十善是生天因，卻均未說到十善有幾品。不過《原人論發微錄》卷中有云：「上品十善，即修因也，生六欲天，即報果也……修中品十善，生人道，下品十善，生修羅。」其實這些都是凡夫修十善，所得的有漏有染的果報，因分有上、中、下的三品，果分有天、人、修羅的三道。是相對於造十惡墮入三惡道，修十善則生三善道。

可是，《大智度論》卷四十六說十善是總相戒，乃是一切大、小乘戒的根本，所以新譯《華嚴經》卷三十五，亦說「上品十善業道」，分為聲聞乘所修、獨覺乘所修、菩薩乘所修，「上上十善業道」，是「一切佛法，皆得成就」的佛果位事。以此可見，若照《華嚴經》的尺度，唯有三乘聖者修的十善業，得稱為上品，佛乘的為上上品，凡夫所修的十善，尚不能列入上品的層次。有關五乘同修十善業的論述，除了見於《華嚴經》卷三十五，也可參看《華嚴經．孔目章》卷三、《華嚴經探玄記》卷十一等的資料。

④**施戒等**　施是布施，戒是持戒，布施是福業，持戒是善業，種福修善，都是道德的行為。從人天乘的角度而言，營福積德，上善者生天，中善者為人，下善者成修羅。所以修上品十善及布施持戒等，報生六欲天。

十善業已如本章第三考釋條目所說。至於施戒，看來是兩個德目，在六波羅蜜的前一、二兩項，便是布施、持戒，乃是分別論述的。若從修行的次第而言，也是以布施比持戒容易，如果布施持戒而能與苦、空、無常、無我的知見相應，布施持戒便是解脫道或二乘佛法的基礎，否則布施持戒僅得人天福報，布施持戒若與菩薩道的大菩提心相應，便是成佛的正因。此乃由於布施行，是長養慈悲心的不二法門，持戒行，是長養出離心的必修法門，所以只要能以正知見的佛法做為指導，來修布施與持戒，布施持戒即是六度萬行的成佛方法，否則便是世俗的德行，也僅得世間的果報。

如果依據《大品般若經》卷一所說：「菩薩摩訶薩為大施主，施何等？施諸善法。何等善法？十善道、五戒、乃至十八不共法，一切種智，以是施與。」（大正八，二二二下）以此可知，世俗人的布施，是著重於物質的財布施，菩薩摩訶薩的布施，是以教導他人，修習十善、五戒、乃至以佛果的功德，做大布施。

二乘人修解脫道，是持戒離欲為目的；大乘菩薩修菩薩道，則以發起大菩提心利益眾生為著眼，故以修布施行做為入手處，也將十善五戒乃至一切行門，統納於布施行中。事實上也不只是大乘經典作如此說，即使在《增一阿含經》卷二十，也說五戒即是五大施：

如來說有二大施，所謂法施、財施，我（目連）今當說法施，不說財施。（拔提）長者報言：何者是五大施？目連報言：一者不得殺生，此名為大施，長者當盡形壽而修行之；二者不盜，名為大施，當盡形壽修行；不婬、不妄語、不飲酒，當盡形壽而修行之。（大正二，六四八上）

持戒不僅是為恐懼下墮三途，也不僅是為求得人天福報，乃是以慈悲心來布施眾生，使眾生免受損害，便是佛法而非世俗的道德可比了。《原人論》以布施持戒為上生六欲天的生因，乃是純就世間的人天善法而言，非以聲聞乘及菩薩乘的施戒而說，則已相當明白。所謂施戒等的「等」字，是指若修一切善法，卻不能與解脫道、菩薩道、乃至無上佛道接軌者，則一切善法的修行功德，都只能獲得六欲天的果報。

⑤四禪八定 禪與定，原來是有區別的，《十住毘婆沙論》卷十一云：「禪者四禪，定者四無色定、四無量心等，皆名為定。」（大正二十六，八十二下）又說：「比丘得四禪，心安住一處，清淨除諸煩惱，滅諸障礙。」（大正二十六，八十三上）可見此乃解脫法門。

不過《原人論》是指凡夫外道修的禪定，現在且介紹凡夫所居，共有三界，即是欲界、色界、無色界。三界又分為九地，欲界名為五趣地；色界是四種禪天，即初禪離生喜樂地，二禪定生喜樂地，三禪離喜妙樂地，四禪捨念清淨地；無色界是四無色定，即空處定名為空無邊處地，識處定名為識無邊處地，無所有處定名為無所有處地，非想非非想處定名為非想非非想處地。三界之中，唯有欲界最複雜，是地獄、餓鬼、畜生、人、天的五趣雜處；不知修定的眾生，便在欲界之內生死流轉，稱為六道輪迴。所謂六道，便是五趣加阿修羅，因其福報如欲天的天眾而德不具足，常與天戰鬥，每戰必敗；福多者享受天樂，福弱者在人間的山地中住，所以是介於天及鬼神之間，或同於天，或類於鬼，故講五趣，便不列阿修羅。色界及無色界眾生，唯有住於禪定中的人及天人所居。

四禪八定，實則就是四禪及四無色定的相加，並非四禪之外，尚有八個定，四無色定也即是第四禪內的層次提昇。如果依於四禪，加修四無量心，與四禪八定並稱，則名為十二門禪，皆依四禪為根本。此四禪八定的色界之四禪，由於是止觀均等，和合俱轉，故名為靜慮，即是禪那（dhyāna），無色界的四空處定，因其不是止觀均行，但名為定（samādhi），將四禪與四空處定合稱，則名為四禪八定。

若在色界四禪的禪定之中，初禪無鼻、舌二識，語言滅，憂滅（有說二禪始滅語言）；二禪以上無前五識，尋伺滅，依次苦、喜、樂滅。若住無色界的四無色定之中的人，住空處定，捨一切有對無對之色想，入於無邊之虛空想；住識處定，捨緣外在的虛空想，唯緣內在的心識想，入於識無邊之行相；住無所有處定，厭離其識處廣緣之苦，故滅識想，入於無所有之行相；住非想非非想處定，是既捨識無邊處有想之行相，亦捨無所有處無想之行相，捨有想名為非想，捨無想名為非非想，即名非想非非想。此四無色定，即是先在心中捨去色界定的有表色法及無表色法，再依次捨去無色界定的空想、識想、無所有想之行相，而止於非想非非想。一切外道修定到此地步，必然以為已證究竟涅槃，所以終究無法出離三界。

因此，若具佛法知見，若見緣生緣滅的緣起諸法，不論或有色或無色，或有想或無想，乃至非想非非想，莫非無常法，莫非是空的，莫非是無我的。因為到了非想非非想處定中，若不與佛法接軌，依舊住於無想定中，依舊有一個住於定中的微細難覺之我，並沒有完成「心行處滅」的功課。如果聽聞佛法，便可由四禪八定而入第九滅受想定，便成出離三界的阿羅漢了。

⑥業為身本　業的梵語為羯磨（karman），羯磨有二義，一是身、口、意的行為作用，二是僧眾的會議法式。此處是指身、口、意的三種行為。

為何是「業為身本」？這是佛教對於宇宙人生獨有的看法，認為人所擁有的身心和宇宙環境，都是出於各人無始以來所造的業力所感，而得的果報，稱之為業感緣起。所以十二因緣的三世因果觀，便是由於無始無明的引發而造作了種種善惡業，所以會接受種種苦樂的果報，雖或有五欲之樂，終究是在生死的苦海之中，因此形成的惑、業、苦的連續循環，永無休止。所以人身之本源，即是業了。

業說的思想，起源於印度的《阿闥婆吠陀》，淨化成熟於佛教的部派時代諸阿毘達磨。但在《雜阿含》、《增一阿含》、《中阿含》等經，以及《毘奈耶》中，已有應用。

依據《大毘婆沙論》卷一百二十四「業蘊第四中自業納息」所說：

> 如契經說：佛告摩納婆（Māṇavaka，譯為儒童），世間有情，皆由自業，皆是業分，皆從業生，業為所依，業能分判諸有情類，彼彼處所高下勝劣。
>
> （中略）
>
> 尊者世友說曰：世間有情皆由自業者，謂自作業，還自受異熟；皆是業分者，謂如所作業，受如是異熟；皆從業生者，謂業為生因，取異熟果，生於彼彼所應生處；業為所依者，謂業為依因，受彼彼有具；業能分判諸有情類，彼彼處所，高下勝劣者，謂如前說，彼彼生處，由業分判高下勝劣。（大正二十七，六四九上）

這兩段文字的第一段，是引契經中的佛陀所說，世間的有情眾生，皆由各自所造的業因，而感受高下勝劣的果報。第二段是尊者世友（Vasumitra）菩薩，解釋佛陀的自業之說。其中有兩個專有名詞，「異熟」及「異熟果」，意思是由造業而得的果報，由於因與果的性質不同，時間不同，類型也不一定是同；相對於受苦受樂的異熟果，也將修善作惡的行為名為異熟因。又依大乘唯識學派，將第八阿賴耶識，稱為異熟識，將眼、耳、鼻、舌、身、意的六識，名為異熟生，即是由阿賴耶識的種子異熟而生。《大毘婆沙論》中討論業的問題，從卷一百一十二至一百二十六，共計占了一十五卷的篇幅，所以極其詳細。

造業的基本動力，只有身業（kāya-karman）、語業（vāk-karman）、意業（manas-karman）。故在《雜阿含經》卷十四的三四三經云：「世尊說，苦樂從緣起生。」不是如外道所說，苦樂是自作、他作、非自非他的無因作（大正二，九十三下）。接著於三四四經，便講到身、口、意三業及三不善根，而云：

> 云何不善法如實知？不善身業、口業、意業，是名不善法，如是不善法如實知；云何不善根如實知？三不善根，貪不善根、恚不善根、癡不善根，是名不善根，如是不善根如實知。云何善法如實知？善身業、口業、意業，是名善法，如是善法如實知；云何善根如實知？謂三善根，無貪、無恚、無癡，是名三善根，如是善根如實知。（大正二，九十四

中）

前一經說苦樂是從緣起生，後一經說善法不善法，均有善根不善根。善不善法，所依靠的是身、口、意的三業行為表現之不同而定，身、口、意三業之所以會造作善與不善的業，是出之於三善根及三不善根，那便是無貪、無恚、無癡，以及貪、恚、癡。照如此看來，三善根及三不善根，即是三業中的意業，不過意業是心理行為，善不善根是心理行為的背景。由身、口、意業的善不善，衍為十善業道及十不善業道。由於善及不善的因緣，生起種種苦與樂、有漏與無漏的果報，便是業感緣起了，也就是《原人論》的「業為身本」了。

⑦**誰人造業？誰人受報？** 造業受報的思想，純出於佛教的信仰基礎及理論架構，如果不是先接受了佛教，認定了佛教的正確性，便不容易接受造業受報的因果觀念。

在中國漢文化的古典之中，業是功業、德業、事業、職業，孔子所謂的「進德修業」，是進益道德而營修功業。君主的王業是統治天下；孟子所謂的「創業垂統」，指的即是帝王的基業。韓愈在〈師說〉中所說的傳道、授業、解惑的業，是指儒門老師，對弟子門生教授專業的知識學問，因此學生敬稱授業的指導老師為業師。這些都跟《原人論》所問「造業」的業，毫無關聯。

中國固有文化之中，雖然也有類似善惡因果的概念，例如《老子》第七十三章所說的「天網恢恢，疏而不失」，又如《易經》坤卦，文王所說的「積善之家必有餘慶，積不善之家必有餘殃」，乃是指的天有賞善罰惡的自然律則。老子說的是個人即身的因果，文王說的是家族遺傳的因果，都不是佛教所說各人自身的三世因果。《原人論》在此處，是假定儒、道二教的人士，在接受了「業為身本」的觀念之後，便繼續追問：業由身造？或是心造？身指什麼？心指什麼？此身死後，又由誰來受報？如果今世造罪修福的身心，與後世受苦受樂的身心之間，沒有自作自受的業因業果相連，那便是張三造業，李四受報，因果錯亂，還成什麼道理呢？

《原人論》又補充說明：「故知但習此教者，雖信業緣，不達身本。」這是指出，佛教中的人士，如果但習人天乘教，雖然已信善惡業緣的因果觀念，依舊未能通達此身之本源。可知，人天教這一節的對象，除了是儒、道二教的人士，主要還是喚起許多修善積德但求人天福報的佛教徒們，必須向上修習小乘教與大乘教，乃至一乘教，方能究竟通達此身之本源。

第二節　小乘教

原文與語體對照

二、小乘教①者，說形骸之色，思慮之心②，從無始來，因緣力故，念念生滅，相續無窮，如水涓涓，如燈焰焰，身心假合，似一似常。凡愚不覺，執之為我，寶此我故，即起貪（貪名利以榮我）、瞋（瞋違情境恐侵害我）、癡（非理計校）等三毒。三毒擊意，發動身口，造一切業。業成難逃，故受五道

所謂小乘教，是說身體形骸的色，以及思慮功能的心，從無始以來，由於因緣之力而念念生滅，並且相續而無止盡。好像流水之涓涓不停，又像燈火之焰焰不斷。身與心暫時的假合作用，看來似乎是一體的，也似乎是恆常的。愚昧的凡夫不知此一身心乃是因緣的假合，所以執著此一身心以為是我，由於珍愛寶重這個身心假合的自我，因此而生起貪（貪名利以養我）、瞋（瞋違情之境，是恐侵害於我）、癡（計校度量而不合道理是愚癡的我）等三毒，三毒擊扣情意而發動身及口的機能，造作一切諸業，業既造成，即難逃其果報，於是接受五道的苦樂等身

苦樂等身別業所感、三界勝劣等處共業所感。

於所受身，還執為我，還起貪等，造業受報。身則生老病死，死而復生；界則成住壞空，空而復成③

從空劫初成世界者，頌曰：空界大風起，傍廣數無量，厚十六洛叉，金剛不能壞。此名持界風，光音金藏雲，布及三千界，雨如車軸下，風遏不聽流，深十一洛叉。始作金剛界，次第金藏雲，注雨滿其內，先成梵王界，乃至夜摩天。風鼓清水成，須彌七金等，滓濁為山地，四洲及泥犁，鹹海外輪圍，方名器界立，時經一增減，乃至二禪福。盡下生人間，初食地餅林藤，後粳米不銷。大小便利，男女形別，分田立主求臣佐，種種差別。經十九增減，兼前總二十增減，名為成劫。議曰：空界劫中，是道教指云虛無之道，然道體寂照靈通，不是虛無。老氏或迷之或權設，務絕人欲，故指空界為道。空界中大風，即彼混沌一氣，故彼云「道生一」也。金藏雲者，氣形之始，即太

別業所感者為受五道的苦樂之身，以及生於三界的或殊勝或陋劣等處共業所感者為三界的殊勝處及陋劣處。

對於所感受到的三界果報身，再執著它以為是我，復以自我的執著又生起貪等煩惱惑心，由煩惱惑而再造業、再受報。有了果報的身體，必然會有生、老、病、死的四相過程，在一期身命結束而死亡之後，又復受身出生。至於所處的三界，也會必然經歷成、住、壞、空的四劫過程，空劫過後，又是成劫所謂從空劫而初成世界者，可以用如下的偈頌來說明：空界生起大風，廣傍無法數量，此風輪厚有十六洛叉，金剛不能摧壞，此名持界大風；光音天金藏雲，布及三千世界，雨如車軸下降，風阻不任流動，水深十一洛叉，開始成金剛界。次第有金藏雲，注大雨滿其內，先完成梵王界，乃至成夜摩天。風鼓清水而成，須彌七金山等，滓濁物為山地，四洲以及泥犁，鹹海外輪圍成。方名為器界立，時經一增一減，乃至二禪天福，享盡下生人間。初以地餅及林藤為食，後食粳米不銷，因此而有大小便利，以及男女二形差別，接著劃分田地，擁立君主，徵求臣佐，有了種種差別。經過十九次增劫減劫，連前面所說的一增一減，一共二十增減，總名為一個成劫。就此說法，可以討論的是：此所說的空界劫中，豈不是道教所指的「虛無之

極也。雨下不流，陰氣凝也。陰陽相合，方能生成矣。梵王界乃至須彌者，彼之天也，滓濁者地，即「一生二」矣。二禪福盡下生，即人也。即「二生三」，三才備矣。地餅已下，乃至種種，即「三生萬物」。此當三皇已前，穴居野食，未有火化等。但以其時無文字記載故，後人傳聞不明，展轉錯謬。諸家著作種種異說，佛教又緣通明三千世界，不局大唐。故內外教文不全同也。住者住劫，亦經二十增減。壞者壞劫，亦二十增減；前十九增減，壞有情，後一增減壞器界，能壞是火水風等三災。空者空劫，亦二十增減中，空無世界，及諸有情也。

。劫劫生生，輪迴不絕。無終無始，如汲井輪道教只知，今此世界未成時，一度空劫，云虛無、混沌、一氣等，名為元始。不知空界已前，早經千千萬萬遍成住壞空，終而復始。故知佛教法中，小乘淺淺之教，已超外典深深之說。

道」嗎？然而，道體其實是寂照而靈通的，不是虛無的。只緣老子或者是因為迷惑不知，或者是因為方便權巧而作的假設，乃為杜絕人類的貪欲，所以指空界為虛無之道。其實，空界中的大風，即是他們道教的混沌一氣，因此《道德經》要說「道生一」也。至於佛教所說的金藏雲，乃為氣形之開始，亦即同於《易經．繫辭》所說的「太極」也。至於雨下而不流，乃是陰氣凝結，當陰陽二氣相合，方能生成萬物矣。至於梵王界乃至須彌山的一段，即是道教所說的天也，滓濁之物為山為地，即道教所說的「一生二」矣。二禪天的天福享盡而下生人間，即是他們所說的「人」也！也即是他們所說的「二生三」，於此而儒家所說的天地人三才，全部齊備了。至於初以地餅林藤為食，乃至有了種種差別，即是他們《道德經》所說的「三生萬物」。這相當於中國古史傳說中的天、地、人三皇以前時期，即是穴居野食，未有刀耕火化的遠古期。但以那尚是個沒有文字記載的時代，後人代代傳聞而不明確，以致輾轉錯誤，而引生出諸家學者著書，設立了種種異說。佛教又以通力而明三千大千世界，不僅局限於大唐一國，所以內教外教所傳的經文，也不全相同了。以上是說的由空劫而到成劫，至於住劫，也要經過二十次增減。至於壞劫，亦會經過二十次增減，前十九次增減，陸續地壞掉有情眾生界，最後一次增減，壞掉器世界；能壞的力量是來自火、水、風等三大災。壞盡之後，便進入空劫，空劫亦經歷二十次增減，在這期中，空無世界，也空無一切有情眾生。（譯者註：這是每一個宇宙體的現象）

，如此這般地劫劫生生，輪迴流轉，相續不斷，無始無終，就像是汲水的井上滑輪，輾轉往復了無已時由於道教的學者，只知道如今這個世界未成之時的一度空劫，故云「虛無」，故云「混沌一氣」等，名為「元始」，殊不知在此空界已前，早就經歷過千千萬萬遍的成、住、壞、空了，乃是終而復始的。因此要知道在佛陀的教法中，就是如上所說小乘的淺淺之教，已經超越外教經典的深深之說了。

都由不了此身，本不是我④。不是我者，謂此身本，因色心和合為相。今推尋分析，色有地水火風之四大，心有受（能領納好惡之事）、想（能取像者）、行（能造作者念念遷流）、識（能了別者）之四蘊。

若皆是我，即成八我，況地大中復有眾多，謂三百六十段骨，一一各別。皮毛筋肉肝心脾腎，各不相是。諸心數等，亦各不同。見不是聞，喜不是怒，展轉乃至八萬四千塵勞。既有此眾多之

都是由於他們不了解此一身命，本來不是我。為什麼不是我呢？告訴你說：此身命之本，是以色、心二法，和合而成的假相。現在且來推尋分析一下，這個構成我的因素，色法有地、水、火、風的四大，心法有受（能領納好惡之事謂之受）、想（能取像者謂之想）、行（能造作者念念遷流謂之行）、識（能了別者謂之識）的四蘊。

如果這些四大四蘊都是我，即成為八個我了。何況在地大中，復有眾多個項目，例如骨骼有三百六十段，一一各自成一個單元，又如皮、毛、筋、肉，肝、心、脾、腎，也各不相是。至於心法的諸心所等，亦各不同，例如見不是聞，喜不是怒，輾轉計較，乃至有謂八萬四千塵勞。既然有如此眾多的事物現象，不知當以何者做為定取我相的對象呢？如果說那些

物，不知定取何者為我？若皆是我，我即百千，一身之中，多主紛亂。離此之外，復無別法，翻覆推我，皆不可得。

便悟此身，但是眾緣，似和合相，元無我人。為誰貪瞋？為誰殺盜施戒⑤（知苦諦也）？遂不滯心於三界有漏善惡（斷集諦也）。但修無我觀智⑥（道諦），以斷貪等，止息諸業，證得我空真如⑦（滅諦），乃至得阿羅漢果，灰身滅智⑧，方

現象的每一個單元都是我的話，那麼，在一身之中，就該有百千個我了，豈不會由於主人翁太多而致紛亂不堪呢？但是，若離此色、心二法之外，又無別法可推尋我是什麼了。今若據此色、心二法來翻覆推尋什麼是我？終究都是了不可得。

既然如此，便能覺悟我們的這個身命，只不過是一個由眾多因緣和合而成的假相，根本沒有我們這個人的。那究竟是還有誰在貪？誰在瞋？又是誰在做出殺生、偷盜、布施、持戒的行為呢（此為知苦諦也）？

既知苦諦，此心便能不停滯於三界的有漏善惡業中（第一句為斷苦集諦）；便能專志於無我觀智的修習（第二句為修道諦）；以之而斷貪等煩惱，止息諸業，證得

斷諸苦。據此宗中，以色心二法及貪瞋癡，為根身、器界⑨之本也。過去未來，更無別法為本。

今詰之曰：夫經生累世，為身本者，自體須無間斷⑩，今五識闕緣不起（根境等為緣），意識有時不行（悶絕、睡眠、滅盡定、無想定、無想天），無色界天無此四大，如何持得此身，世世不絕？是知專此教者，亦未原身。

我空真如（第三句為證滅諦），乃至由此而證得第四阿羅漢果，灰身滅智，方斷一切苦而得解脫。

可知，若據這個小乘宗的層次所說，是以色、心二法及貪、瞋、癡的三毒，做為我們根身及器界的根本源頭了，不論是過去世或未來世，再也沒有其他的法可做為根本的源頭了。

現在此處，可設一問：若說經生累世，我人是以身為根本的話，它的自體，必須是沒有間斷的。可是人的五識，闕緣不起（根境等），意識有時不行（悶絕、睡眠、滅盡定、無想定、無想天），到了無色界天，已無四大，又如何持續此身而令世世不絕呢？以此可知，專於小乘教的人士，亦未能夠找尋到我身的根本源頭。

考釋條目

①**小乘教**　小乘（hīna-yāna）這個名詞，意思是僅為個人自度的小型交通工具，是相對於發大悲願廣度一切眾生的大乘（māha-yāna）而說，其實是站在大乘經論的立場，對於四種《阿含經》以及《阿毘曇》等的貶抑之稱。所謂大乘經論，乃以《般若》、《法華》、《維摩》、《華嚴》、《大般涅槃》等經，以及《大智度論》、《攝大乘論》、《瑜伽師地論》、《大乘莊嚴經論》等為其代表。

例如《法華經》的〈安樂行品〉，有云：「貪著小乘、三藏學者。」舊譯《華嚴經》卷四十四有云：爾時諸大聲聞，舍利弗、目犍連等，「在祇洹林，而悉不見如來自在、如來莊嚴」，「所以者何？無明障曀，覆淨眼故」；後來被大乘的教判家們，形容小乘聖者在華嚴會上，聽不懂一乘頓教，見不到如來莊嚴，故謂之「如聾若啞」。在《維摩經》〈弟子品〉云：「我觀小乘，智慧微淺，猶如盲人，不能分別一切眾生根之利鈍。」又說：「欲行（象之）大道，莫示（兔之）小徑，無以大海內於牛跡，無以日光等彼螢火。」又於〈觀眾生品〉敘述有一天女，以天華散諸菩薩及諸大聲聞弟子，至諸菩薩便落於地，至諸大弟子便著於身，乃是由於諸菩薩眾已無分別心，諸大聲聞弟子尚有如法不如法的分別心。由此可知，小乘的解脫，猶未究竟，較諸於大乘的解脫境界，懸殊猶如天壤。

至於論典，現從《大智度論》及《瑜伽師地論》中，各錄一段極具代表性的論文，用來說明小乘的特性。

《大智度論》卷一百的末段有云：

佛法皆是一種一味，所謂苦盡解脫味。此解脫味有二種，一者但自為身，二者兼為一切眾生，雖俱求一解脫門，而有自利利人之異。是故有大小乘差別，為是二種人故。佛口所說，以文字語言，分為二種，三藏是聲聞法，摩訶衍是大乘法。（大正二十五，七五六中）

以此可見，不論大、小乘法，都是佛說，只有一種一味，那便都是解脫味，不過為小乘根性自求解脫的人，說聲聞法，為大乘根性自利利他兼求一切眾生解脫的人，說摩訶衍（māha-yāna）。這便是大、小乘的差別之處。

《瑜伽師地論》卷七十三，敘述如來以三種因緣，建立了聲聞乘。一是變化，

「謂隨彼彼所化勢力，如來化作變化聲聞」。二是誓願，「謂有補特伽羅（pudgala，人，眾生），於聲聞乘，已發誓願，即建立彼，以為聲聞」。三是法性，「謂有補特伽羅，本性已來，慈悲薄弱，於諸苦事，深生怖畏，由此二因，於利他事，不深愛樂，非為是事，樂處生死，彼由安住此法性故，立為聲聞」。（大正三十，七〇二上）

這是說，佛陀為了適應眾生的變化、誓願、法性等三種因緣，建立了聲聞乘，說了聲聞法，其中的變化，是謂有一類眾生喜被聲聞形態的善知識所化，如來即變化出聲聞來攝化他們。所謂法性，是指有一類眾生（人），法爾如是，屬於小乘根性，他們的慈悲心薄弱，厭離生死心深切，所以只求自己出離三界，不願為了利他而處於生死之中。此乃是定性的小乘人，既然這些人不可能修學大乘的菩薩行，佛陀便為他們建立了聲聞乘。法相唯識學的立場，與此相同。天台宗、禪宗及華嚴宗，則主張一切眾生皆有佛性，畢竟都將成佛，不同意有定性小乘之說，所以要用教判，先來區分大小深淺，再來統攝大、小各乘，會歸究竟一乘。

其實，所謂小乘，雖然漢傳佛教諸宗，各有教判，皆將四《阿含》（*Āgama*）、《阿毘曇》（*Abhidharma*）、《毘奈耶》（*Vinaya*），判為小乘三藏，若以近代佛教學者們的研究所見，也就是從佛教思想發展史的考察中得悉，佛陀時代的遺教，應該被稱為原始佛教或根本佛教，部派時代的各宗各派，才是小乘佛教。

至於華嚴宗的教判沿革，已如本章註考釋第一條目所說，不論是智儼、法藏、澄觀、宗密的五教判，先後之間，有無出入差異，都是將僅說四諦十二因緣法的諸經論，判為「愚法二乘」的小乘教，因其但明人我空，不說法我空，僅得出離三界的小果，不得究竟涅槃的佛果。

②**形骸之色，思慮之心**　基礎佛學，將眾生（人）的構成元素，分作（五）蘊、（十二）處、（十八）界的三大科，小乘的《俱舍論》以五類的七十五法，總攝一切法，大乘唯識的《百法明門論》，以五類一百法，總攝一切法。但是，歸納起來，人都不出色法與心法之二大類，有為法及無為法，也都以色、心二法為著力點。因此《俱舍論》卷三十，便把「身心相續，相似而生」，與「色心相續，爾時永滅」並用。也就是說，眾生生死流轉的過程，便是身心相續或色心相續的現象，一旦到了「般涅槃時」，「異熟因所引，與異熟果功能」，即已謝滅，「色心相續」的生死流轉，也永遠寂滅了（大正二十九，一五七下及一五九上）。

因為在五蘊之中，除了色蘊屬於色法，受、想、行、識的四蘊，皆為心法。

在十二處之中，六根的眼、耳、鼻、舌、身之五根是色法，意根含有心法；六塵的色、聲、香、味、觸之五塵是色法，法塵亦含有心法。在十八界中的前十二界，與十二入全同，後六界便是眼、耳、鼻、舌、身、意的六識，皆屬心法。因此，三大科不出色、心二法。如果廣說，不論是《俱舍論》的七十五法，或是唯識家的一百法，如果脫離色、心二法的關係，便無從說起。故在《仁王護國般若波羅蜜多經》卷上，敘述一切有情眾生，於久遠無始劫來，有不可說的染淨識，「生諸有情，色心二法，色名色蘊，心名四蘊」，「如是展轉，一色一心，生不可說無量色心，皆如幻故」，「我人知見，色法心法，如夢所見」（大正八，八三八下）。這是說明五蘊構成了眾生的身心現象，若以般若慧，來作觀照，便是如幻如夢，色、心二法，本無實法。於是在法藏的《華嚴遊心法界記》也說：「三科雖異，唯色與心。」「色心合舉，故有十八。」三科是指蘊、處、界的三大科，十八是指十八界（大正四十五，六四三中）。在天台學者知禮（西元九六〇—一〇二八年）的《十不二門指要鈔》卷上，則將色、心二法配釋一念三千，而云：「又此三千法門，遍於諸法，若色若心，依之與正，眾生諸佛，剎剎塵塵，無不具足。」這也是以色、心二法，總攝一切諸法的例子（大正四十六，七〇六上）。

有了以上的背景資料，便可容易理解《原人論》所謂的「形骸之色，思慮之心」，是什麼意思了，那便是眾生身心的生死相續，便是色、心二法的「相續無窮」。可憐凡愚之輩，沒有甚深般若的觀慧，未能照見五蘊皆空，所以妄執色、心二法構成的人身，以為是實在的自我；為了珍惜寶重這個由色、心二法暫時構成的自我，便生起貪、瞋、邪見的三毒，發展成為行動，便是造作身、口諸業。如此地三世流轉，六道輪迴，苦樂交替，三界浮沉，生、老、病、死，死而復生，永無了期。

③**成住壞空，空而復成**　佛教對於人生宇宙的時空觀，有一套合乎科學的分析方法。基本的原則是《阿含經》所說「此生故彼生，此滅故彼滅」，以及「此有故彼有，此無故彼無」，這是生滅有無的因果法與因緣法。世間的任何事物，任何現象，有生必有滅，滅後還復生，物質現象如此，精神現象如此，宇宙萬象皆如此，總名之為緣起緣滅的無常法。

《雜阿含經》及《大涅槃經》所說的三法印，第一法印是「一切行無常」，然於《大智度論》卷三十二的三法印是「一切有為法無常印，一切法無我印，涅槃寂滅印」。也就是說，一切色心諸有為法，都是緣起而生滅無常的，不僅行蘊無常，一切有為法皆是無常的，皆是生滅法故。

若加以詳細分析，一切有為的色心諸法，又可分做一期生滅的四相，以及剎那生滅的四相，那就是生、住、異、滅，稱為「四有為相」。不論是色、心二法的一期生滅相或剎那生滅相的中間，均有住、異二相的過程。色身的新陳代謝，與生、老、病、死，心念的起伏波動，前後相續，都有一期生滅及剎那生滅的四相。乃至包羅一切有為的世間現象，無不如此。不過身體的生、老、病、死，別稱為四苦；宇宙的成、住、壞、空，別稱為四劫，唯有每一個心念的生、住、異、滅，只稱為四相，別無他名。

此處《原人論》所說的「成住壞空，空而復成」，即是指的這個宇宙，在時間過程之中，生滅變化的四大階段，是周而復始，永無止境的。事實上，在諸大、小乘聖典中，有關宇宙一期生滅的過程，雖都稱為劫（kalpa），或譯為劫波，表達的方式則不盡相同，劫是極大時間的計算單位，但有長短之別。因此而有短劫、長劫；而有小劫、大劫；而有中間劫、成壞劫，和大劫。《彰所知論》卷上說：「劫有六種，一中劫（或名別劫）、二成劫、三住劫、四壞劫、五空劫、六大劫。」（大正三十二，二三〇下）其實，成、住、壞、空的四劫，各有二十個中劫，成、住、壞、空便是八十個中劫，相加總名為一個大劫。這是將舊譯的小劫，新譯成了中劫。

事實上，如果依據《優婆塞戒經》卷七所說：「從十年增至八萬歲，從八萬歲減還至十年，如是增減，滿十八反，名一中劫。」《立世阿毘曇論》卷九說：「八十小劫，名一大劫。」其中的小劫，即是新譯的中劫。二十個小劫，相當於梵眾天的壽量；四十個小劫，相當於梵輔天的壽量；六十個小劫，相當於大梵天的壽量；八十個小劫，便是成、住、壞、空的四劫的一次迴復，一個週期。

至於佛教所謂「器世界」的大宇宙是如何形成的？《原人論》說是「空而復成」，是從度過空劫之後，又進入成劫。接著便用細字的頌文，來說明宇宙的緣起，先在空界起大風，成金藏雲，降大雨，成金剛界，成梵王界，乃至夜摩天，成須彌山、七金山，四大部洲、地獄，終於有了人，有了男女等。《原人論》的頌文內容，是依據《俱舍論》卷十一及卷十二的敘述所寫成。試錄部分《俱舍論》的原文如下：

謂此世間，災所壞已，二十中劫，唯有虛空。過此長時，次應復有，等住二十，成劫便至。一切有情業增上力，空中漸有微細風生，是器世間將成前相，風漸增盛，成立如前所說，風輪、水金輪……。（詳細則參閱大正二十九，五十七上至六十三中）

④不了此身，本不是我 此處的「我」，是指由色、心二法構成的身心，也即是五蘊假合而成的人身。凡夫外道，不了解構成色身的四大，都是空的，不了解構成我執的心念，是無常的；不僅五蘊合成的身心整體是無常，五蘊的每一蘊，也都是無常法。因為不了解，所以妄執為我。《原人論》就是要為這些凡夫外道，分析「此身本不是我」。

「我」（梵語 ātman）的功能非常地廣大，故在《摩訶般若波羅蜜經》卷二的〈三假品〉說「我」的世間名字，共有十六種，另如：「眾生、壽者、命者、生者、養育者、眾數、人、作者、使作者、起者、使起者、受者、使受者、知者、見者等。」（大正八，二三〇下）以此可知，《金剛經》所說的「我相、人相、眾生相、壽者相」，都是這個假名的我字。

從《成唯識論》卷一的敘述，計我執我的，不僅是凡夫外道，也有小乘的部派學者；例如有即蘊的我執，離蘊的我執，非即非離蘊的我執等。所謂即蘊的我執，是總執色、受、想、行、識的五蘊是我，這是世間多數的凡夫所見之我。所謂離蘊的我執，是指數論、勝論等的外道，以及小乘經量部等的學者；數論及勝論學者，認為我的自體，恆常周遍、量同虛空，隨處造業而受苦樂；無慚愧外道，主張我體雖常，其量則隨身之大小而舒卷；獸主外道，以為我體是常，至細如一極微，潛轉身中，而作事業；小乘經量部認為在五蘊之外，有微細的實我，執為勝義補特伽羅。所謂非即非離蘊我，是小乘正量部及犢子部等，認為五蘊與我是不即不離的（參閱大正三十一，一中及下）。不過，在《成唯識論》之中，並未指出這些外道學者及小乘部派的名字。

在大乘佛教的立場，我執有二個層次，即是人我執與法我執。凡夫外道是人我執，小乘佛教雖除人我執，尚有法我執。一般凡夫執五蘊的色、心二法所成身為我；外道的學者，或執虛空為我，或執至細的極微為我；有一類小乘部派學者，或執勝義補特伽羅為極細的實我，或執非即五蘊非離五蘊的我。這都是屬於人我執的層次。大乘主張諸法皆空，不僅人我執的身心非我，法我執的諸法亦非實有。本來在《雜阿含經》已經說了三法印的「諸法無我」，已是法我空了。但在小乘人以為五蘊的有漏法是空的、是無我的，涅槃的不生不滅法，是永恆不變的，故以樂處涅槃為我。

所以，《原人論》在此敘述小乘教的段落之中，分析色心和合的人身，本不是我，因為色法是地、水、火、風的四大，心法是受、想、行、識的四蘊，究竟哪一種是我呢？何況四大構成的色身，又有許多的類別和部分，心法構成的四蘊，也有許多不同的心王、心所，究竟哪一個才是我呢？我是主宰的意思，既非一個主宰，豈非一個我有許多個的主宰呢？但是離此四大、四蘊，又有什麼是我呢？可見，「我」是不可得的。這段話是對一般執著五蘊為實我的凡夫而做的開示。

⑤**為誰貪瞋？為誰殺盜施戒？** 這是在分析了五蘊構成的身心，已確定本不是我之後，自設反問：既然是無我，又怎麼會有貪、瞋等的心理活動呢？怎麼還有殺生、偷盜、布施、持戒等的身體運作呢？那到底又是誰在主宰、誰在指使呢？

其實，這就點出了由於凡夫執著五蘊所成的身體為自我，認定身體就是我；為了保護自我的身體，為了滿足自我的身體，便產生了特別堅固的「有身見」，梵文稱為薩迦耶見（sat-kāya-dṛṣṭi）。因此而引起貪、瞋等心念，而造惡業及善業。例如《俱舍論》卷十九云：「執我及我所，是薩迦耶見。」「此薩迦耶，即五取蘊，為遮常一想，故立此名。」「然佛但於我我所執，標此名者，令知此見，緣薩迦耶，非我我所，以我我所畢竟無故。」（大正二十九，一〇〇上）佛陀將此被眾生執以為我及我所有的五取蘊，名為有身見，便是為了破除凡夫眾生對於五取蘊，產生永恆不變的自我想，故指出薩迦耶見為五種不正見的首位。

當眾生（人）知道了引起煩惱心，造作善惡業的主宰，只是來自「有身見」，由於有身見，便在生死之中，頭出頭沒，雖有苦有樂，卻是苦多樂少，終究是在生死的苦海之中浮沉。於是便警覺到必須要超脫三界的有漏善惡，才能解決終極的問題。如何超脫？必須首先認定五蘊構成的自我身，便是在接受苦報的同時，又在造作有漏有為的善惡諸業。如此這般，便是四聖諦的苦諦與集諦；五蘊身心是苦的事實，是苦的果報；以五蘊的身心，繼續造作善惡諸業，是苦的源由，是苦的起因。唯有知苦諦、斷苦集諦，才得出離生死苦海。便是《原人論》所說「遂不滯心於三界有漏善惡」的道理。

此處的苦諦與苦集諦，其實是跨越前、今、後三世的因果關係，更明確地說，就是三世十二因緣的因果連續。可以列一簡表，說明三世十二因緣與兩重因果的苦集循環。

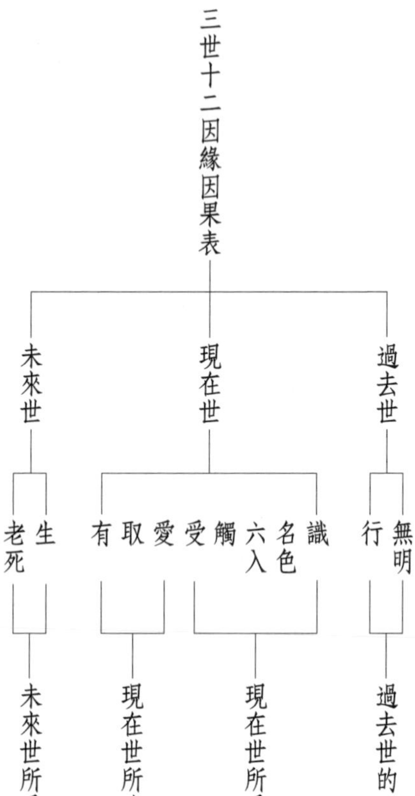

若依上表，來對《原人論》所說「為誰貪瞋？為誰殺盜施戒？遂不滯心於三界有漏善惡」的這三句話，再做一次分析，便可了解，十二因緣的無明、行、識、受、愛，是引起貪、瞋的主力；名色、六入、觸、取，是今世造作有漏善惡諸業的工具和行為；有是有了滯心於三界有漏善惡的業力；生、老死，是營造貪、瞋、殺、盜、施、戒的生命過程。若將十二因緣連接起來，便是生死流轉，永無盡期。如果已經洞明這樣的道理，便會努力來做修習道諦、斷除集諦、實證滅諦、滅盡苦

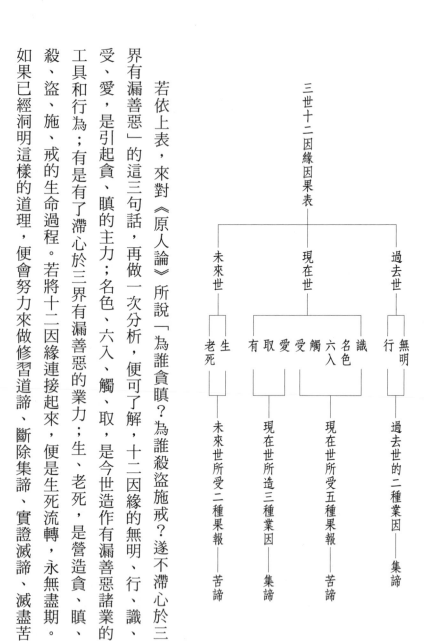

諦的功課，便是生死的還滅，不受後有了。生死流轉是因無明而有行、有識、有名色，乃至有老死；生死還滅是因無明滅而行滅、識滅、名色滅，乃至老死滅。也就是因為有無明，便有生老死，若已滅無明，亦滅生老死。這正好就是《阿含經》所說「此生故彼生，此滅故彼滅」的緣起定律。但這尚未到達《心經》所說「無無明，亦無無明盡，乃至無老死，亦無老死盡」的層次。因為小乘人只見人無我，尚未見到法無我。

⑥但修無我觀智　觀是修行的一種方法，梵語毘婆舍那（vipaśyanā），即是用觀慧抉擇照見諸法的性相，原則上通用於大小乘，中道實相觀等是大乘觀法，五停心觀、四念處觀等是通於大小乘的基本觀法。《原人論》於此處所說的「無我觀智」，是小乘人用的四念處觀之第四觀。所謂四念處，便是觀身不淨、觀受是苦、觀心無常、觀法無我。四念處在七科三十七道品之中，是第一科的道品次第。因在前面已經剖析了解五蘊身心是無常無我的，尚是屬於知見的層次，尚未到達修習的層次，現在再說由解起修，修無我觀智，遮斷貪等煩惱，止息有漏善惡諸業，然後才能實證「我空真如」。

「觀智」一詞，見於《大乘起信論》所說：「如二乘觀智，初發意菩薩等，覺於念異，念無異相，以捨麁分別執著相故，名相似覺。」（大正三十二，五七六中）亦見於天台智顗（西元五三八—五九七年）的《摩訶止觀》卷三上，說：「觀亦三義，貫穿義、觀達義、對不觀觀義。」貫穿是以智慧的利用，來穿滅煩惱；觀達是「觀智通達，契會真如」；對不觀觀是第一義空，非智非愚，是為對不觀而明觀（大正四十六，二十一下）。《原人論》是否引用了這段文字的內容，不太清楚，文義則頗一致，一則以無我觀智而證我空真如，一則以觀智通達，契會真如，都應是小乘的但空，不是大乘的第一義空。

⑦**證得我空真如**　真如，梵語 tathātā，是如如、如實、如常的意思。在早期的佛教聖典中，所說的真如，是指的緣起法，到了大乘經論中，真如的意涵，有不少的變化，《成唯識論》的真如，意味是圓成實性，是不能隨緣的；《起信論》的真如，則是諸佛及眾生所同具的實性，是可隨緣不變的。

依據《雜阿含經》卷十二的二九九經所說：「佛告比丘：緣起法者，非我所作，亦非餘人作，然彼如來出世及未出世，法界常住。彼如來自覺此法，成等正覺，為諸眾生分別演說，開發顯示，所謂此有故彼有，此起故彼起。」（大正二，八十五中）這已表明，如來自覺自證的成佛之法，便是法界常住的緣起法，這個緣起法則，不是如來所創造，也不是其他任何人和神所能創造，乃是本來如此的真理。又於《雜阿含經》卷二十一的五六三經有云：「如來應等正覺所知所見，說三種離熾然、清淨超出道，以一乘道，淨眾生，離憂悲，越苦惱，得真如法。」是哪三種呢？是「具足淨戒，宿業漸吐，得現法離熾然」（大正二，一四七下）。可見在《阿含經》中，已將真如一詞，代表著如如或如實的緣起法；如何證得？便是以修行三種離煩惱熾然、清淨超出之道，便是持淨戒、消宿業、現法離煩惱。在《異部宗輪論》介紹的化地部及大眾部，所舉的九種無為法中，分別列有緣起真如及緣起支性的名目（大正四十九，十五下及十七上）。可知小乘部派所謂的真如，即是超脫有漏善惡諸業的無為法，也即是從緣起法而實證諸法無我，名為我空真如。

到了大乘佛教，真如的意涵，就由《阿含經》所說的「法界常住」，轉成為《佛地經》所說的「一切法真如，二障清淨相」（大正十六，七二三中）。《佛地經論》卷七對此的解釋是「一切法空無我性，所顯真如」，是永離煩惱及所知二障的本性清淨；此所謂一切法，是涵蓋世間及出世間的有漏法和無漏法，所有一切五蘊、十二處、十八界等諸法，都是「不一不異，體唯一味」的，「隨相分多，或說二種，謂生空無我、法空無我。真如實非空無我性」（大正二十六，三二二下至三二三上）。原本的真如，是緣起法，是無為法，證得三法印的「諸法無我」，便證我空真如；大乘經論，則以真如是永離二障的諸法，是與一切有漏及無漏諸法不一不異的理體法性，這跟緣起即是我空的無漏真如，是有出入的。因此要在生空無我之上，增加法空無我的另一個層次，方算是大乘佛教。《原人論》則於介紹小乘教的這一節中，僅說我空真如。

⑧**得阿羅漢果，灰身滅智**　阿羅漢是梵語（arhat），含有三義：殺賊、應供、無生，是聲聞第四果位，也是如來的十號之一，所以有小乘阿羅漢、亦有大乘阿羅漢。因此《成唯識論》卷三云：「諸聖者斷煩惱障，究竟盡時，名阿羅漢。」「阿羅漢者，通攝三乘無學果位，皆已永害煩惱賊故，應受世間妙供養故，永不復受分段生故。」（大正三十一，十三上）唯識學派所說的煩惱障是由我執生起，所知障是由法執生起，劣應身佛、辟支佛、阿羅漢，同斷人我執，同證生空無我，同出分段生死，所以三乘的無學果位，皆已永斷煩惱之賊。法我執要待大乘菩薩十地中修勝空觀，方得斷盡二障的微細種子，證得法空無我。

由於阿羅漢的意思，亦即無生，若準天台學派所說，已經全部斷盡三界的見思二惑，此身活著時，煩惱之因已斷，煩惱之報尚存，名為有餘涅槃；若於此身死後，肉體火化成灰，能證的心智，從此滅絕，不再用其智慧，名為無餘涅槃，故稱為灰身滅智。例如世親菩薩（Vasubandhu）造的《金剛仙論》卷九有云：「小乘之人，以自身所證，灰身涅槃，畢竟滅故。」又云：「小乘人斷三界煩惱，盡分段生死，灰身滅智，入無餘涅槃，善惡因果，一切俱捨。」因而被指為「小乘斷滅之見」（大正二十五，八六四中及下）。灰身滅智的涅槃，是相對於大乘的究竟涅槃而言，大乘如《心經》所言：「無無明，亦無無明盡，乃至無老死，亦無老死盡，無苦集滅道。」既不貪著生死，亦不畏怖生死，才是真實的自在解脫。此處《原人論》所指的「得阿羅漢果，灰身滅智」，便是小乘的無餘涅槃，也即是天台學派的但空，或稱為偏真。

⑨**根身、器界**　此指在小乘教中的阿羅漢，已知已證，色、心二法及貪、瞋、癡煩惱，即是做為我人根身及器界之本源的道理。所以斷盡煩惱，不再造作有漏的善惡諸業，不再接受苦樂的世間果報，出離三界正報的五蘊根身及其依報的器界環境，進入無餘涅槃。

根身、器界，是唯識學派的用語。根是眼、耳、鼻、舌、身、意的六根；身是人的活體，即是五蘊假合而成的人身。其實在六根之中已有身根，但其所指者是四肢及胴體，不含眼、耳、鼻、舌、意的五根，宜為六根相加的人身，名為根身。至於器界，是根身所受用的世間環境，又名為器世間，包括山河、大地、草木、城宅等器物，讓生存於其間的眾生，各依自身所造的善惡業因，而以各自的根身，來受樂受苦。因此，根身是眾生的主體，稱為正報，器界是眾生所賴於生存活動的客體環境，稱為依報。從小乘人的立場所知所見，人的根身及其所處的器界，便是現實人生的整體事實，至於從過去世到現在世，從現在世到未來世之間，似乎就不知道是以什麼為其本源了。雖有一個業力的觀念，是三世因果的連繫線，但此業力又怎麼會持續下來的呢？小乘佛教尚未解決這個問題。

⑩**自體須無間斷**　《原人論》探討論究的主題，是人之本源，究為何物？小乘佛教雖已交代說明，人的正、依二報，或人的根身、器界之本源，是色、心二法及貪、瞋、癡的煩惱。但是對於三世因果關係的連續，必須有一個不會間斷的主體，世俗稱為靈魂，佛教不會認同靈魂之說，那到底又是什麼呢？即使以現身的活人而言，也需要說明有一個無間斷的自體才行，否則，眼、耳、鼻、舌、身的前五識，須以五根及五（塵）境為緣，才有作用，第六意識若在熟睡、悶絕、滅盡定、無想定、無想天的情況及其境域中，是不起作用的；到了無色界天，已無地、水、火、

風的四大所成之身。以此可知，未出三界之前的眾生（人），也可有不依色、心二法而尚存在的事實，那又是以什麼做為無間斷的自體而活著的呢？

這是《原人論》在這一節的收尾處，埋下的一個伏筆，目的是告知小乘教層次的學者們，必須聽聽，下一節大乘法相教的教義，對於「原人」是怎麼說的。

第三節　大乘法相教

原文與語體對照

三、大乘法相教①者，說一切有情，無始已來，法爾有八種識②，於中第八阿賴耶識③，是其根本。頓變根身、器界、種子，轉生七識④，皆能變

站在大乘法相教的立場，宣說法界之內一切有情眾生，自從無始以來，法爾自然就有八種識，其中是以第八阿賴耶識為其根本識，由此而頓變成為根身、器界、種子，轉變而生七識，都是能變的八識所現，也是其自分所緣，其中都無實法。至於如何變的呢？說是由於我

現，自分所緣，都無實法。如何變耶？謂我法分別，熏習力故⑤。諸識生時，變似我法⑥。第六七識，無明覆故，緣此執為實我實法⑦。如患重病心惛，見異色人物也、夢夢想所見可知者，患夢力故，心似種種外境相現，夢時執為實有外物，寤來方知唯夢所變。我身亦爾，唯識所變⑧，迷故執有我及諸境，由此起惑造業，生死無窮廣如前說。悟解此理，方知我身唯識所變，識為身本不了之義，如後所破。

法與分別的熏習之力，諸識生起時，變現而似我法。由於第六、七二識被無明所覆故，緣此而執為實有的我及實有的法。猶如病患重病心惛之時，見到異色人物，又如夢中夢想所見，那不過是由於病患及做夢之力所致。重病心惛之時，心中似有種種外境的形相出現，夢時也會執著夢境中的外物為實有，醒來之際方知那只是夢中變出的，我們的這個身命，也是如此，是唯識所變，由於迷而未悟故，執為有我並有一切境界。由此起煩惱惑，而造種種業，以致淪於無窮的生死苦海已如前面的小乘教中所說，悟解如此的道理，始知我們的身命，是唯識所變，識為身命的根本源頭至於為何法相教是不了義的淺教，待到下一節的破相教中破斥。

考釋條目

①**大乘法相教**　法相教是圭峰宗密所立五教判的專用名詞，已如本章考釋第一項條目中介紹，這不是智儼及法藏的五教判所用名詞，當然也不是唯識學派自己所用的名詞。

原本的法相一詞，有多重意涵，亦非大乘佛教的專用名詞，例如《俱舍論》的七十五法，《百法明門論》的一百法，法相是指每一法的特質；小乘的人無我，大乘的法無我，亦是法相，是指觀念的差別相；《維摩經》的「善解法相，知眾生根」，「能善分別諸法相，於第一義而不動」（大正十四，五三七上及下）。其中的法相，是指一切法的本性，是真理的特質；《法華經》卷一的「如是諸世尊，種種緣譬喻，無數方便力，演說諸法相」（大正九，八下），此一法相，是指唯一佛乘的深妙義理。《原人論》此處所謂的法相教，乃是指的玄奘（西元六〇二—六六四年）及窺基（西元六三二—六八二年）所傳的唯識思想，也就是中國佛教的大乘八宗之一，通稱為法相宗、唯識宗、慈恩宗，也有合稱為法相唯識宗、瑜伽唯識派的。在《大正新脩大藏經》中，法相唯識學派的諸部論書，均被編列於「瑜伽部」，所以在印度稱為瑜伽行派（Yogācāra），乃與中觀學派（Mādhyamika），成為大乘佛教在第五及第六世紀之際，雙峰並峙的兩大主流學派。

中國的法相宗，所依據的經論，通稱有《華嚴經》、《解深密經》、《如來出現功德經》、《大乘阿毘達磨經》、《入楞伽經》、《厚嚴經》；《瑜伽師地論》、《顯揚聖教論》、《大乘莊嚴經論》、《集量論》、《攝大乘論》、《十地經論》、《分別瑜伽論》、《觀所緣緣論》、《唯識二十論》、《辯中邊論》、《大乘阿毘達磨集論》，合稱為六經十一論。其中特別被重視的是《解深密經》（*Saṃdhinirmocana-sūtra*）及玄奘集譯的《成唯識論》。為何被稱為法相宗的？乃是根據《解深密經》卷二〈一切法相品第四〉，載有世尊所言：「吾當為汝（德本菩薩），說諸法相，謂諸法相，略有三種，何等為三？一者遍計所執相，二者依他起相，三者圓成實相。」（大正十六，六九三上）以此可知，法相宗的法相一詞，並非指的是七十五法或一百法的名相，乃是指的假名安立法、緣起緣滅法、真如實相法的三個層次。以這三個層次的「諸法相」，便可統攝世出世間、有為無為、小乘大乘的一切法，因此便將探討修學這一切法的學派，名為法相宗了。

《原人論》所介紹的大乘法相教，並沒有涉及遍計所執相、依他起相、圓成實相的論點，而只是為要補救小乘教僅知有六識，不知有第七、第八識的缺失。因為法相唯識學派所謂的唯識，重心是在第八阿賴耶識（ālaya-vijñāna）的功用，這是根本識，這是眾生持續流轉於三世五趣的主體，故在玄奘的《八識規矩頌》之中，以這樣的兩句話，形容第八阿賴耶識：「受熏持種根身器，去後來先作主公。」因為阿賴耶識，意為藏識，有能藏、所藏、執藏的三義，藏的是種子，是現行諸法的種子，由於第六識依第七識，配合眼、耳、鼻、舌、身的五識，成五俱意識而造種種有漏善惡諸業，由前七識熏習第八阿賴耶識，使得第八阿賴耶識受熏而成為種子，持此種子識直到此身死去，等待緣熟而現行，成為轉生投胎的主體，受胎出生之時，其正報便成為根身，其依報便是器界。可知根身及器界，是由種子的現行而來，種子是受前七識熏習而成，藏於阿賴耶識。其實，不論是種子還是現行，都是阿賴耶識的功用。此識在此身死亡之時，是八個識中，最後脫離肉體的，轉生受胎之時，又是最先進入胎質的，它是由生到死、由死到生之間，持續地做著去後來先的主人公。這是小乘佛教的學者們所不知道的，所以小乘教尚不知此身的本源是什麼。

②**八種識**　包括道教及儒教的中國哲學，所謂先秦諸子，雖有論及心與性的問題，卻沒有心與識的觀念，乃至東、西方的各派宗教各派哲學，或有討論心及意識

的問題，也不曾深入心的層次，到達七識、八識的程度。其原因是各家宗教各派哲學，都是就著現實的心理活動及意識的現象，而做的分析和論述，未能以禪定的經驗配合邏輯的思辨，再透過三世的因緣果報觀，來認知心、意、識的不同層次及不同功能。因此，唯有大乘佛教，才會分別討論心性及心識的大問題。

例如《老子》第四十九章所說：「聖人無常心，以百姓心為心。」此所謂「無常心」，是說聖人（國君）居天下，不循其私人的固執心，而是民之所好者好之，民之所惡者惡之。又於第三章云：「不見可欲，使心不亂。」第十二章云：「馳騁田獵，令人心發狂。」這都是講的混亂心和衝動心。孔子在《大學》八條目中所說的「誠意」及「正心」，是屬於心靈的修養工夫。孟子在〈公孫丑上〉所說的「我四十不動心」與孔子在《論語．為政》中所說「四十而不惑」，是相同的心靈修養，是自信心的建立，已不再猶豫。這跟佛教所說的心識，是有差距的。

佛教的心、識二字，可以連用，因為心即是識，例如《俱舍論》及《瑜伽師地論》將六個識及八個識，名之為心，由此而產生的各種心理活動現象，被稱為心所，六個識或八個識，便被稱為心王。因此「唯識」與「唯心」，往往會連起來用。例如世親的《唯識二十論》開頭便說：「安立大乘三界唯識，以契經說：三界唯心。」（大正三十一，七十四中）契經，可能是指的舊譯《華嚴經》卷二十五〈十地品〉所說：

三界虛妄，但是心作。十二緣分，是皆依心。所以者何？隨事生欲心，是心即是識；事是行，行誑心故，名無明；識所依處，名名色；名色增長，名六入；（根境識）三事和合，有觸；觸共生，名受；貪著所受，名為愛；愛不捨，名為取；彼和合故，名為有；有所起，名為生；生變，名為老；老壞，名為死。（大正九，五五八下）

這是說，眾生生死於三界之中的三世十二因緣，唯是一心所作，因為十二因緣，都是依心而有的。是依什麼心呢？是欲心，生起欲心，便成識種，妄心虛誑，故名無明，然後一個接一個成為十二因緣的三世流轉。

不過，若從虛妄唯識學的觀點說，心王、心所的心，都是虛妄心。若從真常唯心論的觀點說，心有真妄兩個層面，虛妄心是有生有滅的七轉識及第八識，清淨心是「法界唯是一心」的真如，此如《大乘起信論》所說：「依一心法，有二種門；

云何為二？一者心真如門，二者心生滅門。」（大正三十二，五七六上）可知對於心識的認知，佛教的各學派之間，也是有差異的，因此而有了各個學派的教判標準。唯識學派在印度，曾是顯學，傳到中國時，天台宗已經成立，故未及批判唯識學派；華嚴宗的法藏則站在真常唯心論的立場，判法相唯識學是大乘的始教，宗密判法相教是大乘權教，僅比小乘教略勝一籌。

有關於識，梵語毘若南（vijñāna），在原始的《阿含經》中有兩種意思：一種是十二因緣的第三目為「識」，這是第六意識，也即是分別識，這是眾生生死流轉及生死還滅之中一個環扣，後來演變成為大眾部主張的根本識，例如後魏佛陀扇多譯《攝大乘論》卷上說：「說此阿犁耶識，大僧祇《增一阿含經》中，亦說彼為根本，如樹依根住故。」又說「彼是種子」，「阿犁耶事，根本識事」（大正三十一，九十八上）。另一種是如前所說的心王，亦名為「識」，例如《中阿含經》卷七的《大拘絺羅經》，是以六識為識云：「謂有六識，眼識，耳、鼻、舌、身、意識。」（大正一，四六四上）到了《解深密經》及《瑜伽師地論》等，更在六識之上，加添了七識、八識，那是將大眾部的根本識，演化為阿賴耶識，又將阿賴耶識與六識結合，必須有一個內外或根葉之間，做為前六識與阿賴耶識共同所依的連結識，便有了第七末那識，阿賴耶識即成為第八識。這是唯識學的發展路線。

其實，前六識是由六根、六塵的和合而產生的了別作用。前五識是第六意識與眼、耳、鼻、舌、身，各別產生作用時的稱謂，名為五俱意識；前五識產生作用時，必須對外依靠五根的細相，即是淨色根，也必須對內依靠第六意識，前五識絕不可能獨立行事，所以前五識依第六意識。可是第六意識動身發語、造業受報，都未能夠說明業種藏於何處，又是誰在牢牢地把此業種執以為我？因此有了第八阿賴耶識，以及把阿賴耶識的見分執為實我的第七意識。因此，前六識是了別境識，第七識是執持識，第八識是藏識（有關八識的概論，可以參閱拙著《探索識界——八識規矩頌講記》）。

③阿賴耶識　阿賴耶識在印度及中國佛教思想史上的發展，可謂淵遠而流長。阿賴耶的音譯，另有阿梨耶、阿羅耶、阿黎耶、阿剌耶、阿陀那等，略稱賴耶或黎耶，意譯有無沒識、藏識、果報識、本識、宅識，主要是指第八識，也有說它既是第八識，亦是第九識的。

阿賴耶一詞，亦見於印度的《摩得羅衍那奧義書》（*Maitrāyana-upaniṣad*）第六章，時代與釋尊相銜接，佛教是否受其影響，不得而知。唯在原始聖典中，已有此名詞，例如玄奘譯的《攝大乘論本》卷上有云：「聲聞乘中，亦以異門密意，已說阿賴耶識，如彼《增壹阿笈摩》（*Āgama*，阿含）說，世間眾生，愛阿賴耶、樂阿賴耶、欣阿賴耶、憙阿賴耶，為斷如是阿賴耶故，說正法。」（大正三十一，一三四上）雖於現存漢譯的《增一阿含經》未見此文，相信《攝大乘論本》的著者無著菩薩（Asaṅga），一定見到了此段經文。因在《佛本行集經》卷三十三，也有類似的經文：

> 爾時世尊，作如是念，我所證法，此法甚深，難見難知，如微塵等，不可覺察，無思量處，不思議道。我無有師，無巧智匠，可能教我，證於此法。但眾生輩，著阿羅耶、樂阿羅耶、住阿羅耶、憙樂著處，心多貪故，此處難見。（大正三，八〇五下）

由此兩種資料對照來看，是相當一致的，都說世間眾生，因為愛樂欣憙、執著阿賴耶而住於生死，佛說正法，就是為了令諸眾生斷滅這個阿賴耶，便能證悟如來所證的甚深難知難見之法。關於此點，在《雜阿含經》卷十三，雖未說阿賴耶，卻也廣說「眼、色，緣生眼識」等而成十八界的「可愛樂、可意、可念，長養於欲」；「不欣悅、不讚歎、不繫著、……不歡喜集故，則苦滅」。（大正二，八十八上、八十九上）

阿賴耶究竟是指的什麼？真諦三藏譯為無沒識，玄奘三藏譯為藏識。小乘諸學者以愛著境界或以五取蘊為愛著處，名為阿賴耶。到了大乘的無著菩薩，依據《解深密經》等，便說有情的總報果體，名為第八根本識，即是阿賴耶識，這是阿賴耶思想的一大進展。

無著的《攝大乘論本》卷上，將阿賴耶識，分為自相、因相、果相。到了玄奘集譯的《成唯識論》卷二說，識所變相，略有三類，初能變是異熟識，即是第八阿賴耶識；第二能變是思量識，即是第七意識；第三能變是了境識，即是前六識。並且也說初能變的阿賴耶識有三種相：攝持因果為自相；執持諸法種子令之不失為因相；能引諸趣善不善業異熟果故為果相（大正三十一，七中至八上）。有說阿賴耶識有三種名：此識能攝藏染法種子，故名能藏；此識為被雜染法所熏所依，故名所藏；此識無始以來有情執為自內我故，名為我愛執藏。依玄奘所傳的唯識學派所說的阿賴耶識，無始以來，恆如暴流之現起，未嘗間歇，行相極其微細難知，故《解深密經》卷一云：「阿陀那識甚深細，一切種子如瀑流，我於凡愚不開演，恐彼分別執為我。」（大正十六，六九二下）它既是有情總報的果體，同時又是所熏之體，並受善惡等業之熏；它以種子、根身、器界為所緣境。

但是，《楞伽經》、《起信論》以及真諦所傳的第八阿梨耶識及阿賴耶識，又有不同的意涵。圓測的《解深密經疏》卷三，舉真諦之說，第八阿梨耶識，自有三種：解性梨耶，是成佛之義；果報梨耶，緣十八界；染汙梨耶，緣真如境（《卍續藏經》，新文豐版三十四，七二〇上）。又有真諦譯的《決定藏論》卷上說：斷阿羅耶識，即轉凡夫性，捨凡夫法，此識滅故，一切煩惱亦滅，對治阿羅耶識故，證阿摩羅識；阿羅耶識是有漏、是無常，阿摩羅識是無漏、是常，得真如境道故（大正三十，一〇二〇中）。這不像玄奘所傳的阿賴耶識，成佛時已轉成大圓鏡智，不復名識。真諦傳的第八識，可有有漏及無漏的兩種名稱。故在地論宗的南道派，主張以第八識為佛性，自性清淨故，此識亦名性淨涅槃。到了《大乘起信論》，便將阿梨耶識，視為真妄和合識了：

> 依如來藏故，有生滅心，所謂不生不滅與生滅和合，非一非異，名為

阿梨耶識，此識有二種義，能攝一切法，生一切法。云何為二？一者覺義，二者不覺義。所言覺義者，謂心體離念，離念相者，等虛空界，無所不遍，法界一相，即是如來平等法身。（大正三十二，五七六中）

唯識學派的阿賴耶識，是從凡夫的造業受報而說的雜染虛妄識，這也是從《阿含經》以來，代表著凡夫對五取蘊、十二處、十八界的愛著，演變而成有情眾生的總報果體，名為第八根本識，而有唯識學派的能藏、所藏、我愛執藏之說；真諦所傳的阿梨耶識，則有解性、果報、染汙的三種性質，以及有漏無漏、是無常是常的染淨兩種面相、兩個名字。

《大乘起信論》，是將阿梨耶識，置於真實與虛妄和合的交集點上。《起信論》的理論架構是一心二門：一心是真常心，二門是真如門及生滅門。阿梨耶識是依如來藏而有生滅心，但是阿梨耶乃為生滅與不生不滅的染淨和合識，它雖不是真如，卻亦與不生不滅的真如如來藏，非一非異；對於不生不滅的真常心自體而言，名為真如，對於有生滅及不生滅和合而成的阿梨耶識而言，名為如來藏。其實，不論是真如、是如來藏、是阿梨耶識，法相雖異而實體皆不離一心，皆從一心出，還歸於一心。因為阿梨耶識，能攝一切染法淨法，能生一切染法淨法，所以此識又有覺與不覺的二種功能。覺的功能便是法界一心的平等法身；不覺的功能，又分為本覺及始覺的兩個層面，若以始覺、覺本覺，阿梨耶識便隨淨緣而歸於真如的一心，若住於不覺，便隨染緣而與三細六麁的無明結合。以此可知，《起信論》和唯識學的第八識，名稱雖同，意涵有別。

《原人論》在本節「大乘法相教」中，介紹的是唯識學派，其目的已如前述，是以唯識學派的阿賴耶識，具有種子識的內涵，來補救小乘教僅知以根身、器界為我執之本源，卻不知另有種子識才是我執之本源的缺失。但是，唯識學派的阿賴耶識，既是虛妄，若認為此識是我身的終極本源，也不是究竟的道理。因此，《原人論》的立場，很自然地要用《中觀論》的觀點，來破斥唯識，又用《起信論》的觀點，來指出：因依妄念而有諸法差別相，若離妄念便無一切境界之相，而歸於一心法界。唯此一心，才是終極的本源。

④**轉生七識**　這是說，唯識學派以阿賴耶識為根本識，由此根本識，頓變而為根身、器界、種子，由此阿賴耶識變出的根身、器界、種子，產生種種現象及功能，所以同時也轉變而為七個識；對內執著第八阿賴耶識的見分，以為是常是一的

實我實法，便名為第七意識；對外則由於六根的身心與六塵的器界環境互動，便產生了前六識。

至於什麼是第八阿賴耶識的見分？這是對於阿賴耶識的相分而說的。相分是本識阿賴耶的現行及種子，存於本識內部的是種子，現行於本識之外部的是根身及器界；也可以說，根身、器界、種子，都是阿賴耶識的相分。本識阿賴耶的見分，即是被第七識執以為我的帶質境相分，因為第七識不緣根身、器界、種子，故僅緣本識的見分。其實一心的自體，只有一分，所以安慧論師僅立一分，而以為見分及相分之別，乃是情有而實無。難陀論師則以為，有了依他之實體境相分，才能生起能緣見分的心，所以建立相分及見分。陳那論師主張再加自證分，成為三分說。護法論師另加證自證分，成為四分說。其實，第八本識的見分，本性非染，但第七識緣它時，生起了自心所變的似常一相，便執為實我，所以是原來並不存在的妄執；相分則是本識所變的根身、器界、種子，也是生滅無常的虛妄相，既然沒有不變的實體，到底又是如何變的呢？因此，《原人論》要指出：「皆（阿賴耶）能變現，（阿賴耶）自分所緣，都無實法。如何變耶？」

⑤**我法分別，熏習力故**　這兩句話，是引用《成唯識論》卷一的文句（大正

三十一，一中），原係為了解釋《唯識三十論頌》的開頭六句頌文。因為有世間外道及小乘教的學者們，執有實我實法，世親菩薩先假設外人問難：「云何世間及諸聖教說有我法？」再以頌文回答：「由假說我法，有種種相轉，彼依識所變，此能變唯三，謂異熟思量，及了別境識。」（大正三十一，六十上）《成唯識論》便提出解釋說，我及法，都是假立之名，並非實有，我是主宰義，法是軌持義，都是由種種相所轉變和轉起的。對凡夫說，以情及命等為我，以實、德、業為法；對小乘聖者說，以預流（聲聞初果）、一來（聲聞二果）等為我，以蘊、處、界等為法。佛說我法，乃是隨緣設施，假立種種我相及法相，其實都是依識轉變和轉起的。識有八個，分為三類，稱為三能變：第八阿賴耶識是異熟識，是初能變識；第七意識是思量識，是第二能變識；前六識，即是眼、耳、鼻、舌、身、意，因為六識各有自分境界，亦各有了別境界，故名為了別境識，是第三能變。由於前五識必須與第六意識俱時起，所以第三能變的主角，即是第六意識。所謂唯識能變，是說此三類識，有能變現三界有漏諸法之意。

《成唯識論》卷一又說：「諸識生時，變似我法，此我法相，雖在內識，而由分別，似外境現。諸有情類，無始時來，緣此執為實我實法。」（大正三十一，一中）這段論文的意思是說，三能變的八個識，產生作用時，變現出來的種種相，似乎就是真的我相及法相，這些我相及法相的虛妄執著，雖在心識之內，卻由於分別、思量、計度，又像是有外境出現了。一切愚癡的有情眾生，打從無始以來，就據此而妄執為實我實法了。這就是《原人論》所引「我法分別」的內容。

「分別」一詞的梵語是 vikalpa，意譯為思惟、量度、計度。唯識學中的八個識，主要是以第六意識的分別作用最大，故亦名為分別識。八個識中，前五識是極單純地唯對五塵境，第七識也是單純地執持第八阿賴耶識的見分為實我，第八阿賴耶識是異熟識、是藏識，不會緣外境起分別。唯有第六意識，正如《八識規矩頌》所形容的那樣，是「動身發語獨為最，引滿能招業力牽」。有情眾生在三界中上下浮沉，頭出頭沒，都是由於第六意識，發動了身業及語業，或行善修福，或行不善造罪，而來感受或樂或苦的果報。引業決定引向諸趣中的某一趣，滿業則使得生在某一趣中的眾生，亦有苦多苦少、樂多樂少、福多福少的差異。可見，第六分別識，在唯識變現中的角色，是極其重要的。不過，依據太虛大師（西元一八九〇—一九四七年）的《唯識三十論講錄》說，所謂異熟識、思量識、了別境識，乃是就其各識功能之勝而做的區分，其實，並不是第八識絕對沒有思量及了別的功能，第七識絕對沒有異熟及了別境的功能，前六識絕對沒有異熟及思量的功能（善導寺精裝本《太虛全書》第八冊頁六五八至六五九）。窺基的《成唯識論述記》卷一說：「若護法、難陀等解，由元始來，第六七識，橫計我法，種種分別，熏習力故。若安慧解，七識相應諸心心所，皆名分別，能熏習故。」（《卍續藏經》，新文豐版七十七，二十八下）可知分別是七識皆有份的。

《原人論》所引「熏習力故」，又是什麼意思呢？「熏習」一詞的梵語是vāsanā，除了唯識學派必須要用到這個名詞之外，就是如來藏系的大乘經論，例如《楞伽經》、《勝鬘經》、《大乘起信論》等，也都有熏習之說。甚至在小乘的經部學者，亦有色法與心法，是互為能熏與所熏之說。此處當以唯識學派的論點來做介紹。

陳真諦三藏譯《攝大乘論》卷上〈相品第二〉，講到種子與阿賴耶識是很難分別其同異的，因為「此識因種種不淨品法，無始習氣，方乃得生」、「譬如於麻，以華（花）熏習，麻與華同時生滅，彼數數生，為麻香生因」。也就是說，阿賴耶識，是因有無始習氣的種種不淨品法熏習而生，猶如以香花熏麻，一次一次熏習，結果成了麻香。本來能熏與所熏是別體異物，結果由於同時彼生彼滅，和合為一，那就是阿賴耶識的熏習之義了（大正三十一，一一五上）。

《成唯識論》卷二，講到「熏習力故」，也引用了以華熏麻的譬喻。該論先引《瑜伽師地論》所說，有情眾生的有漏及無漏種子之體，「無始時來，性雖本有，而由染淨新所熏發」。也就是說，不論有漏或無漏的種子，每一個有情眾生，自無始以來，本性中已經具備，但也要經過新的或染或淨的力量，予於熏習，才能發生現行的果報。由於有些眾生，本性中不具備大、小三乘的三種菩提種子，所以有定性二乘及無性闡提，縱然遇到熏習，也不能成佛。如果已有種子，遇到熏習，有漏無漏都有果報。故接著說：「習氣必由熏習而有，如麻香氣，花熏故生。」「故有漏種，必藉熏生，無漏種生，亦由熏習。」（大正三十一，八上及中）這是說明，習氣種子，必由熏習而有，必因熏習而生，染法熏習有漏種子，淨法熏習無漏種子。熏習之義，並非局限於有漏的善惡種子，亦熏習無漏的菩提種子，這才是唯識學的目的。由明唯識境而起唯識行，而證唯識果，以境行果的理解與實踐，而實證，便是唯識學的全程。《原人論》於此處所引的，似乎僅及於染法熏習的部分。是指的有漏種子熏現行，而成根身器界，根身器界的現行，再熏有漏的種子，便是我法分別的源頭。

⑥**諸識生時，變似我法** 這兩句話，也是錄自《成唯識論》上兩句的連文，

接下來尚有未被《原人論》所錄的連文：「此我法相，雖在內識，而由分別，似外境現。」（大正三十一，一中）有關這段論文的意思，已在前一條考釋中說明。

然在窺基的《成唯識論述記》卷一，介紹了難陀、安慧、護法等師對於《成唯識論》這幾句的解釋，在三師之間，彼此略同亦略不同。

難陀說：「於識所變，依他相分，諸聖者等，愍諸凡類，不知自識，方便假說我法二言。」「凡夫依此依他相分，執為我法，故說識，變似我法。」這是說，三能變識，變現諸法，本皆是諸識依他起的相分，聖者們憐愍凡夫眾生，不知那是自識，故以方便假說我法，凡夫便依此依他因緣起的自識相分，執著以為是我是法，所以要說：識，變似我法。

安慧解云：「第六七識，起執於我；除第七識，餘之七識，起執於法，不許（第七）末那有法執。」「八識生時，變似我法。」「變似我法者，即自證分上有似我法之相，體變為相，但依他性。」這是說，第六、第七之二識，起我執，前六識及第八識，起法執，八識產生功能時，變現相似的我及相似的法，因為相似的我法，即是自證分上有了相似我法之相，是由識體所變的相分（根身、器界、種子），這只是屬於依他起性的暫有實無，故名變似我法。從識所領境的真妄差別而言，設有三性：遍計執性是純非事實；依他起性是似有而實無；圓成實性是性有而相無。

護法等云：「第六七識，妄熏習故，八識生時，變似我法。」這是說，第六、第七兩識，是虛妄熏習，受熏八識，生起之時，即是變現的相似之我及相似之法（以上三師所言者，見於《卍續藏經》，新文豐版七十七，二九上及下）。

被世間凡夫及小乘教執以為實我實法的，從唯識學派的立場來看，原來只是在八識生時，變現的相似我法，因為那是依他起的緣生法，不是常、也不是一的實我實法。《原人論》要引用這四句《成唯識論》的論文，目的便是要說明，凡夫及小乘學者的迷執及偏執。

⑦**第六七識，無明覆故，緣此執為實我實法**　這是依據《成唯識論》卷一及卷二所說，能夠執著第八識相分的根身器界五取蘊為我的，唯有第六識，能夠執持第八識見分為我的唯有第七識。同時，能夠緣第八識起自心相而執為實法的，是第七識，能夠接受外緣邪教邪師的邪分別說，而於蘊、處、界相，起自心相，分別、計度，執為實法的，是第六識。

《成唯識論》將我、法二執，均列有俱生及分別的兩類，俱生的我執與法執，是出於無始時來，虛妄熏習的內因之力，恆久與身俱有，不必有外在邪師的邪知邪見影響，乃是任運轉動的。分別的我執與法執，則由現在的外緣之力，受到外在邪師的邪知邪見影響之後，才起作用。

俱生我執與俱生法執，又有二種：一是常相續的，這是第七識，緣第八識起的自心相，執為實我實法；二是有間斷的，這是第六識緣所變的五取蘊相，或總、或別起的自心相，執為實我實法。分別我執與分別法執，唯第六識有，第七識不對緣故無；亦有二種：一是外緣邪師的邪知邪見所說蘊、處、界相，起自心相，分別計度，執為實我實法；二是外緣邪師的邪知邪見所說我相，及自性等相，起自心相，分別計度，執為實我實法。

俱生我執，微細難斷，凡夫位難斷，見道位亦不斷，要到後修道位中，數數修習勝生空觀，方能除滅。俱生法執，細故難斷，要到後十地中的法身大士，數數修習勝法空觀，方能除滅。分別我執，粗故易斷，初見道時，觀一切法的生空真如，悟見我執，皆緣無常的五取蘊相，而妄執為實我，然而五取蘊相，不過是從緣所生的，是如幻的有，不是實有，故能除滅分別我執。分別法執，亦為粗故易斷，入初地時，觀一切法的法空真如，悟見法執，皆緣自心所現的似法，而妄執為實法，然而似法之相，不過是從緣所生的，是如幻的有，不是實有，故能除滅分別法執（以上均見於《成唯識論》卷一及卷二）。

文中所說的見道、修道、初地、十地，是什麼層次呢？這是唯識學所講，「境、行、果」三大綱的第三綱，就是果位。唯識境是講：從生滅到真如、世出世法、有漏無漏、有為無為的種種境界。唯識行是講：實踐唯識觀的修持法門。唯識的果位是講：從修持過程中，所證的道品次第。見道修道等，均為果位。《成唯識論》卷九，列有唯識五位云：「何謂悟入唯識五位？一資糧位，謂修大乘順解脫分；二加行位，謂修大乘順抉擇分；三通達位，謂諸菩薩所住見道；四修習位，謂諸菩薩所住修道；五究竟位，謂住無上正等菩提。」（大正三十一，四十八中）在初無數劫中，善備福德智慧資糧，名為修順解脫分。資糧位滿，進入四加行位，為入見道位而做準備，便是歷經煖、頂、忍、世第一法，總名順抉擇分，順趣於真實抉擇分故。見道位即是第三通達位，是初地菩薩，體會一分真如，智照於理，得見中道第一義諦，親證法性身，修第一種勝行，除一重障。修道位即是第四修習位，是從二地至十地的法身大士，也即是從二地至十地中，更勇猛修行九種勝行，斷九重障，全證十真如故。再往上便是第五究竟位（詳見於《成唯識論》卷九及卷十）。

《原人論》於此處所說的「無明覆故」，應該不是唯識學的觀點，而是從《大乘起信論》所立三細六麁的論點來講的。因為唯識學派講宇宙人生的本源與現象，是以種子和現行的互熏關係，來說明染與淨、生死與超越的關鍵。《起信論》則以一心分二門的關聯性，來說明本覺與不覺的不一不異，即是說明宇宙人生的本源與現象。故云：「若離不覺之心，則無真覺自相可說。」若不借用相對差別的妄想之心，便無法說明真如本覺的自相。《起信論》所說的不覺，有根本不覺與枝末不覺，根本不覺乃是迷真的無明，枝末不覺乃是執妄的無明，而此二者，非有別體，乃於一念同時具足，不是可分前後的，只是述說之時有前有後而已。也可以說，無明即是不覺，不覺不離本覺。無明與本覺，不一不異，因為不覺即是無明，不論是根本不覺或枝末不覺，也與無明不一不異。所以，從開發宇宙萬有的過程順序而言，雖有三細六麁的層次，枝末無明與根本無明，僅是程度的不同，並無本質的不同。

《起信論》是以十二因緣的無明，做為縱貫三世因果的宇宙人生論，雖然無明是三細六麁之中的第一個項目，但其名為「無明業相」，六麁的第五第六，也都有一個業字，因為無明與業是同時俱在的，無明與業也是貫串三細六麁每一個項目的，在十二因緣中，無明是首尾相連的核心，在四聖諦中，無明也是苦、集二諦的核心。因此《原人論》要說「第六七識，無明覆故」。雖然八個識，全被無明覆蓋，唯有六、七兩個識，具備妄執實我實法的功能。這一點，便不同於唯識學派是以「識」為核心的立場了。因此可知，《原人論》的唯識思想，是結合了《起信論》的思想來討論的。這樣的思路，對於漢傳佛教的影響，相當深遠，直到二十世紀初的太虛大師，所講的唯識學，多少也帶有《起信論》的色彩。有關三細六麁，請參閱本書的最末一項考釋。

⑧**我身亦爾，唯識所變**　此處的「我身」二字，是指色、心二法，即是五取蘊，是唯識所變的根身，包括器界。至於什麼叫作唯識所變，這是唯識學在探討有情眾生（人）生死流轉的主軸，即是唯識三能變，梵語 trividha-pariṇāma，第八阿賴耶識，名為異熟能變，又名一切種識，《唯識三十論頌》云：「初阿賴耶識，異熟一切種，不可知執受，處了常與觸。」所謂不可知，是此識所緣的五淨色根，及其種子甚為微細故，又其所緣之器世間，廣大難以測量故。執受處，是指此識的所緣境，根身與種子是執受，器界是處，了是了別，是此識能緣的作用。第七識名為思量能變，《唯識三十論頌》云：「是識名末那，依彼轉緣彼，思量為性相。」末那是梵語，意識也，是依阿賴耶識，轉變生起，因為第七識以現行的阿賴耶識為根本依，以阿賴耶識之中所藏的種子為種子依，七、八兩識，無始以來恆常相依，所以互為俱有依。

第七識恆審思量，取第八識之見分為我，故以思量為性。前六識名為了別境能變，《唯識三十論頌》云：「差別有六種，了境為性相。」前六識是以六根對六塵而生六識，每一識各各有其自分境界，亦各各了別其自分境界，例如眼識了別色塵，不能了別其他諸塵；因為前六識皆能夠有了別境界的功能，故總名之謂了別境識。

此正如《華嚴經》所說：「心如工畫師，畫種種五陰。」我們的五蘊身心，是唯識所變，是唯心所造。

第四節　大乘破相教

原文與語體對照

四、大乘破相教①者，破前大小乘法相之執，密顯後真性空寂②之理破相之談，不唯諸部般若③，遍在大乘經。前之三教，依次先後，此教隨執即破，無定時節。故龍樹立

大乘破相教的設立，是在破斥前面所介紹的大、小乘教對於法相的執著，並且也隱密地顯示之後要開展出來的真性空寂之理，也就是說破相教是為一乘顯性教，做了準備破相之談，不僅僅是指般若部的

二種般若④：一共，二不共。共者，二乘同聞信解，破二乘法執故；不共者，唯菩薩解，密顯佛性故。故天竺戒賢、智光二論師，各立三時教⑤，指此空教，或云在唯識法相之前，或云在後，今意取後。

將欲破之⑥，先詰之曰：所變之境既妄，能變之識豈真？若言一有一無者（此下卻將彼喻破之），則夢想與所見物應異，異則夢不是物，物不是夢，寤來夢滅，其物應在。又物若非夢，應是真物，夢若非物，以何為相？故知夢時則夢想夢物，似能見所見之殊，據

經典內容，其實是遍在於大乘經典。此前的三教，是依一定的時間先後、次第說出的，此破相教，沒有一定說出的時間，乃是隨著眾生的迷執、偏執、淺執而隨時破斥的。所以龍樹立有共及不共的二種般若，共般若是使二乘人聞得萬有皆空之理而起信解，乃是為破二乘人的法執。不共般若者，唯有大乘的菩薩悟解，乃是為了密顯佛性。是故印度的智光及戒賢二大論師，各自皆立有三時教，指此破相的空教，或說是在唯識法相之前，或云是在唯識法相之後，此處則意取之後之說。

將要破斥法相教之前，故先設一詰難，問曰：所變之境，既是虛妄，能變之識，又豈會是真實的呢？如果說一有一無的話（此下即以法相教的譬喻來破法相教），則夢想與夢想的所見物，應該是不一樣的，如果是不一樣的，則夢不是物，物不是夢了。醒來夢滅，而夢中所見之物應該是還在的。再說，如果物不是夢，那就應該是真的物了；假如說夢不是物，那麼夢中又以何為境相呢？由此可知，做夢之時的夢想與夢物，乃類似於能見及所見之不同，據此理論，則知乃是

理則同一虛妄，都無所有。諸識亦爾，以皆假託眾緣，無自性故⑦。故《中觀論》云⑧：「未曾有一法，不從因緣生，是故一切法，無不是空者。」又云：「因緣所生法，我說即是空。」《起信論》云⑨：「一切諸法，唯依妄念而有差別，若離心念，即無一切境界之相。」經云：「凡所有相，皆是虛妄，離一切相，即名諸佛。」如此等文偏大乘藏是知心境皆空⑩，方是大乘

同一虛妄，都不是真有，諸識當然也是一樣，都以假託的眾緣和合，因此也沒有自性。所以在《中觀論》中有云：「未曾有一法，不從因緣生，是故一切法，無不是空者。」又云：「因緣所生法，我說即是空。」《起信論》則亦云：「一切諸法，唯依妄念而有差別，若離心念，即無一切境界之相。」經云：「凡所有相，皆是虛妄，離一切相，即名諸佛。」如此等經文，遍見於大乘經中。由是可知，心與境皆空，方是大乘佛教的實理。若約此心境皆空而窮究身命之根本，身命之根本是空，空即是身命之根本了。

實理。若約此原身，身元是空，空即是本。

今復詰此教曰：若心境皆無，知無者誰？⑪又若都無實法，依何現諸虛妄？且現見世間虛妄之物，未有不依實法而能起者。如無濕性不變之水，何有虛妄假相之波？若無淨明不變之境，何有種種虛假之影？又前說夢想夢境，同虛妄者，誠如所言。然此虛妄之夢，必依睡眠之人。今既心境皆空，未審依何妄現？故知此教，

現在再給一個詰難，問曰：此破相教既然說是心境皆無，那麼，知道這個無的又是誰呢？又如果說都無實法，又是依據什麼而現諸虛妄？況且眼前所見世間的虛妄之物，從未有一項是不依據實法而能生起來的。例如說，若沒有濕性不變之水，又從何而有虛妄假相之波浪呢？同樣地，如果沒有淨明不變之境相，又從何而有種種虛假之影像呢？又正如前面所說，夢想與夢境同屬虛妄，那肯定是對的，不過，虛妄之夢想與夢境，必然要依據睡眠的人，如今既然此人的心境皆空，不知道到底是依何而現有虛妄？由此可知，破相教，但能破情執，

但破執情，亦未明顯真靈之性。故《（大）法鼓經》云⑫：「一切空經，是有餘說有餘者餘義未了也。」《大品經》云⑬：「空是大乘之初門。」

上之四教，展轉相望，前淺後深，若且習之自知未了，名之為淺；若執為了，即名為偏。故就習人，云偏淺也。

同樣也還未明顯真靈之性。故有《大法鼓經》云：「一切空經，是有餘說尚有餘義未了。」《大品般若波羅蜜經》云：「空是大乘之初門。」

且將以上四教，輾轉對照來看，乃是前者淺而後者深。若雖依之學習而自知乃為不了義教，名之為淺；若依之學習，且執為了義教，即名為偏。所以是依據學習之人的認知態度，而云偏云淺也。

考釋條目

①**大乘破相教**　這是指的龍樹（Nāgārjuna）所傳的中觀學（Mādhyamika），目的是站在華嚴五教判的立場，是把法相唯識學，置於中觀學之前和之下，先以法相唯識學來補救小乘教的不足，此節則以中觀學的緣起性空，來顯示「心境皆空」才是大乘的實理。所以此節既為破斥前面所說大、小乘教對於法相之執著，同時也為暗示後面將說真性空寂之理，才是了義的實教。

其實，破相之義，即是空義，而對空義的詮釋，雖有世俗的頑空、小乘的偏空、大乘的如實空之層次不同，即在大乘佛教諸經論中，對於如實空或勝義空的詮釋，也各有定義。但是空的思想，乃為通於大、小乘的佛教特色。至於《原人論》何以不用空觀教，而用了破相教這樣的名稱來稱呼中觀學派？他是有根據的，那便是窺基的《大乘法苑義林章》卷一〈總料簡章〉的第三門「詮宗各異」項下，所引的資料云：「古大德總立四宗：一立性宗，《雜心》等是；二破性宗，《成實》等是；三破相宗，《中》、《百》等是；四顯實宗，《涅槃》等是。」（《卍續藏經》，新文豐版九十七，七八三上）宗密正好引用破相宗來破法相宗，但這四教判，不是唯識學派所認同的。

空的梵語 śūnya 可有多種譯名，例如空無、空虛、空寂、空淨、非有等，有時亦與無字同義。大略而言，是指人空（生空）及法空，又可稱為人無我及法無我。除卻實我之妄執，名為人空，那是空除唯識學中的遍計所執；除卻實法之妄執，名為法空，那是空除唯識學中的依他起執。實我如龜毛如兔角，根本是沒有的事物；實法為因緣所生事物，似有暫有、現象有，而非真有、非常有、非自性有。因此，以《雜阿含經》的緣生思想開始，就已凸顯了佛教獨有的特色，那便是奠定了無常觀及無我觀，由無常及無我的觀點，開展出諸法無自性的空思想。印順長老的《空之探究》十七頁也說，無常、苦、空、無我，都是《雜阿含經》與巴利藏《相應部》所說的。

因為《中阿含經》的《象跡喻經》有云：「若見緣起，便見法，若見法，便見緣起。」（大正一，四六七上）可知佛的正法，不能離開緣起思想。又在經集部的《佛說稻芉經》有云：「見十二因緣即是見法，見法即是見佛。」（大正十六，八一六下）這是更進一步，將緣起、法、佛，視為一體的三名，也隱約地點出，若希望見到自性中的佛，便可以從緣起的法中悟見。所以到了龍樹的《中觀論》的〈四諦品〉要說：「是故經中說，若見因緣法，則為能見佛，見苦集滅道。」（大正三十，三十四下）由緣起法而見自性空，見空性即見佛性，見佛性，即見四聖諦的知苦、斷集、修道、滅苦，證菩提果。以空為佛性的記載，見於《佛性論》卷一，有云：「小乘諸部，解執不同。若依分別部說：一切凡聖眾生，並以空為其本，所以凡聖眾生，皆從空出。故空是佛性，佛性者即大涅槃。」（大正三十一，七八七下）這是說，小乘分別部，是以空為宇宙人生的根本，一切眾生皆從空出，佛也是從空出，所以空即是佛性。

本來，空的思想，由《阿含經》的無常、無我、空，到《般若經》的十八空、二十空，已經圓熟，再由龍樹的《中觀論》依四諦十二緣起予以組織次第的強化深化，便很夠明確了的。但是，從瑜伽行派依大眾部的根本識說，發展為阿賴耶緣起的思想談空；從分別論者等主張的心性本淨說，發展為如來藏緣起及華嚴宗的法界緣起思想所談的空，其意涵還是不太相同的。

例如唯識學派的根本經典《解深密經》卷二說：「（佛言）我依三種無自性性，密意說言，一切諸法皆無自性，所謂相無自性性，生無自性性，勝義無自性性。」（大正十六，六九四上）此經先說〈法相品〉，接著便說〈無自性相品〉，但又說是密意方便說，因為唯識學派主張無自性是密意方便說，不是了義的如實說，《解深密經》說了三種無自性性之後，便說：尚有一類定性的聲聞眾生，是不得成佛的，原因是他們「本來唯有下劣種性故，一向慈悲薄弱故，一向怖畏眾苦故」（大正十六，六九五上）。另一部也被認為是唯識學派的經典《入楞伽經》卷二，則明說眾生有五性差別：聲聞乘定性、獨覺乘定性、如來乘定性、不定種性、無性（大正十六，五二六下）。唯識學派既講無自性，無自性應該是空性，空性即不會有定性，但其既主張有定性，便與如來藏緣起思想不合，也與般若空的中觀派思想不一致，原因是唯識的種子說，是無始本具的。從現實界看，的確有許多眾生是定性的，怎麼勸說熏習，總像在蒸沙欲成飯，根本辦不到。可是從如來藏思想的角度來說，眾生皆具佛性，不論如何，等到因緣熟時，必將個個成佛，此與主張自性空的中觀學派是可以接得通的。因此，《原人論》在介紹了法相教的唯識學派之後，便以破相教的中觀學派，來補救其不足。

事實上，《解深密經》卷三，也講了十種相空，云：「為遣諸相，勤修加行，有幾種相，難可除遣，誰能除遣？善男子！有十種相空，能除遣。」哪十種？一、由一切法空，除遣種種文字相；二、由相空及無先後空，能除遣生住異滅的性相續隨轉相；三、由內空及無所得空，除遣顧戀身相及我慢相；四、由外空，能除遣顧戀財物相；五、由內外空及本性空，能除遣男女的內安樂相及外淨妙相；六、由大空，能除遣無量之建立相；七、由有為空，能除遣有內寂靜解脫相；八、由畢竟空、無性空、無性自性空及勝義空，能除遣補特伽羅無我相、法無我相、唯識相及勝義相；九、由無為空及無變異空，能除遣有無為相及無變異相；十、由空空，能除遣有空性相，以對治空性的作意思惟（大正十六，七〇一上）。這十項空觀，乃是加行位修的觀行方法，其實已包括了十七空，從空觀來說，唯識學派的《解深密經》與中觀學派的《般若經》，似乎沒有什麼不同。所不同的，是在於種子說與自性空的觀點了。

②**真性空寂**　是說諸佛的本源真性，是超越一切見聞覺知的虛空寂滅之境。「真性」，即是真如、實際、實相、法性、佛性、第一義諦等的異名。於《楞嚴經》中有兩處見到：（一）卷一云：「佛告阿難：此是前塵虛妄相想，惑汝真性。」（大正十九，一〇八下）（二）卷二云：「見性周遍，非汝而誰？云何自疑汝之真性。」（大正十九，一一一下）依《楞嚴經》經義而言，此真性是指「寂常心性」（大正十九，一〇九上），也是「本如來藏妙真如性」（大正十九，一一四上）。

根據宗密所撰〈禪源諸詮集都序〉卷上之一，解釋「禪源」二字，對於真性有較詳明的敘述：「源者，是一切眾生本覺真性，亦名佛性，亦名心地。悟之名慧，修之名定，定慧通稱為禪那，此性是禪之本源，故云禪源。」（大正四十八，三九九上）又云：「但眾生迷真合塵，即名散亂，背塵合真，方名禪定，若直論本性，即非真非妄，無背無合……況此真性，非唯是禪門之源，亦是萬法之源，故名法性；亦是眾生迷悟之源，故名如來藏藏識（出《楞伽經》）；亦是諸佛萬德之源，故名佛性（《涅槃》等經）；亦是菩薩萬行之源，故名心地（《梵網經．心地法門品》）。」又云：「真性則不垢不淨，凡聖無差。」（以上大正四十八，三九九上及中）

以此可知，宗密是借用《楞嚴經》的真性一詞，詮釋禪源二字，亦即是《壇經》所說的：「我此法門，以定慧為本。」「定是慧體，慧是定用，即慧之時定在慧，即定之時慧在定。」（大正四十八，三五二下）這個定慧不二的禪源真性，亦是《壇經》所引《菩薩戒經》的「我本元自性清淨，若識自心見性，皆成佛道」，以及《淨名經》的「即時豁然，還得本心」（大正四十八，三五一上）的心和性，禪宗所說的明心見性，便是明此如來藏心，便是見此真如自性，也都是指的法性、佛性和《原人論》此處所講的真性。

「空寂」是諸相空無，寂滅不起之意，例如《維摩經．佛國品》有「不著世間如蓮華，常善入於空寂行，達諸法相無罣礙，稽首如空無所依」（大正十四，五三八上），是形容諸佛所證的大自在、大解脫、大無礙，即是大涅槃境，亦稱為究竟空寂。又有《心地觀經》卷一亦云：「今者三界大導師，座上跏趺入三昧，獨處凝然空寂舍，身心不動如須彌。」（大正三，二九五中）也是讚頌十方諸佛常處於無邊法界的寂然之境，這與小乘聖者所處灰身滅智的寂滅境界不同，乃是在「身心不動」之中，仍有悲智大用的。故依宗密於其所著《圓覺經大疏鈔》卷三下，對於空寂一詞的解釋，是引用荷澤神會所傳：「謂萬法既空，心體本寂，寂即法身，即寂而知，知即真智，亦名菩提涅槃……此是一切眾生本源清淨心也。」（《卍續藏經》，新文豐版十四，五五八下）此處所引荷澤語，未考出於何書，然於神會的〈顯宗記〉有云：「湛然常寂，應用無方，用而常空，空而常用。用而不有，即是真空，空而不無，便成妙有。」（大正五十一，四五九上）

由以上所引諸文可以明白，《原人論》所說的空寂一詞，亦即是真性的同義異名，它不是聲聞乘的寂滅，也不是《般若經》所說緣起的空性或性空，乃是諸佛的大寂大用，即是諸佛的法身，也是諸佛的真智，乃是常寂常用，用而常空的真空妙有。荷澤宗所傳的禪法，便是屬於這一系所謂「直顯真源」的了義實教。因為宗密既是華嚴宗的第五祖，又是禪宗荷澤神會系的傳人，故將如來藏系的經教，判為真性空寂之教，遠勝於此前的法相唯識之教及般若中觀之說。

③**諸部般若**　此係指的一切般若部類的大乘經典，現被收於《大正新脩大藏經》中的，共有四大冊四十二種，計七七七卷，卷數最多的是六百卷的《大般若波羅蜜多經》，文字最少最短的是《般若波羅蜜多心經》，流傳最廣的是《心經》及《金剛經》。

依據印順長老的《印度之佛教》所說，《般若》為印度初期流行之大乘經典，在迦膩色迦王時（佛元六世紀上半），《般若》之一分，已「自（印度）東方而轉自南方，南方漸至北方，後五百年而大盛」（頁一九五及一九六）。

此處所謂的諸部般若，早期略稱有大、小品二部，接著有三部，例如龍樹的《大智度論》卷六十七云：「是般若波羅蜜部黨經卷，有多有少，有上中下，《光讚》、《放光》、《道行》。」（大正二十五，五二九中）又於同論卷七十九云：「般若波羅蜜無量相故，名眾等言語章句，卷數有量，如《小品》、《放光》、

《光讚》等般若波羅蜜經卷章句，有限有量，般若波羅蜜義無量。」（大正二十五，六二〇上）這是初期般若經的部類，龍樹將十卷本的《光讚》、二十卷本的《放光》、十卷本的《道行》等三種般若經，分作上、中、下的三個部類，又將十卷本的《小品般若經》及《放光》、《光讚》，總稱為卷數有量有限的般若章句，似乎也是三個部類，但其皆未列入《大智度論》所依的《大品經》。在佛教史上見到的般若部類，乃是愈後愈多的，從二部、三部、四部、八部，到玄奘譯出的有十六部。

因此，般若部類的經典，依其出現時代的先後，也有三期，據現代日本學者真野龍海所說：「在數量眾多的般若經群中，初期者否定式的表現很強，中期者含有肯定，後期者屬於密教的表現。」（《國譯一切經》般若部第一卷月報）

依據近世日本學者望月信亨的《佛教經典成立史論》第九章所說，經考查古代各種經錄，察知《仁王般若經》屬於疑偽經，也就是說，應該不是譯自印度的梵筴。尤其在《仁王般若經》的〈序品〉中，自稱：「大覺世尊，前已為我等大眾，二十九年說《摩訶般若波羅蜜》、《金剛般若波羅蜜》、《天王問般若波羅蜜》、《光讚般若波羅蜜》，今日如來放大光明，斯作何事？」（大正八，八二五中）而其中的《摩訶般若》即是《大品》及《光讚》的廣略之差，《仁王經》卻將二經並舉，合成為佛已前說的四部般若經典，除了表明此經是晚出，也表明此經的編集者，尚不知般若部類的全體內容。但在中國《仁王般若經》卻極受歡迎，歷久不衰，天台智顗、嘉祥吉藏，均為之撰疏，也以為到此經為止，已有五個部類的般若經典。

可是，在印度世親造的《金剛仙論》卷一，則說般若經典共有八個部類：「第一部十萬偈（《大品》是），第二部二萬五千偈（《放光》是），第三部一萬八千偈（《光讚》是），第四部八千偈（《道行》是），第五部四千偈（《小品》是），第六部二千五百偈（《天王問》是），第七部六百偈（《文殊》是），第八部三百偈（即此《金剛般若》是）。」（大正二十五，七九八上）也就是說，在世親（約於西元三二〇年—四〇〇年之間）時代所見的般若經典，共有八個部類，其中並未列入《仁王般若經》，卻較《仁王經》所見者多出四個部類。

由於般若部類的經典，出現有早、中、晚三期，內容的性質也有否定、兼肯定、密教之別，故除早期是純粹空義的之外，中、晚期的則未必都是破相的。

在印度佛教思想史上，對於《大品般若經》註釋，有龍樹（西元一五〇年—二五〇年間）的《大智度論》一百卷，是《大品經》的綱要書，且亦早被視為初期大乘佛教的百科辭典；對於《大品般若經》的內容科判，則有彌勒（西元四世紀？）的《現觀莊嚴論》，計八品二七二頌，也是從空的立場，卻以修行道的德目等為中心，概約地論述《大品經》的內容。前者由鳩摩羅什（西元三四四年—四一三年）譯成漢文，後者則傳入西藏。只因《大智度論》未被譯成藏文，也未留下梵文原典，以致近世有些藏學學者，提出是不是出於龍樹著作的疑議。相反地，在漢地佛教史上也從未知有《現觀莊嚴論》，且其著作者彌勒的年代，幾乎與鳩摩羅什同時，屬於印度後期大乘的論書，直到民國時代，始由法尊法師將西藏譯本，譯釋成為四卷本的漢文，名為《現觀莊嚴論略釋》，仍未見重於漢傳佛教的文化圈中，此亦是關於般若部類註釋書的一樁趣事。

④**龍樹立二種般若**　此處是指龍樹於《大智度論》卷七十二，有如下的一段文字：「般若有二種，一者唯與大菩薩說，二者三乘共說。共聲聞說中，須菩提是隨佛生；但與菩薩說時，不說須菩提隨佛生，何以故？法性生身大菩薩是中無有結業生身，但有變化生身。」（大正二十五，五六四上）由於大菩薩的法性身，是變化生身，所以《原人論》說「不共」般若，「唯菩薩解，密顯佛性故」。又因為《大

智度論》云：「此經共二乘說。」（大正二十五，五六四上）所以中國的天台家判般若部為兼通大、小三乘的通教，華嚴家則判般若部為大乘始教。《原人論》據此以為般若部類的經典，明說是大乘破相教，但亦隱密地顯示，般若也含有真性空寂的了義教，因為聞法的法身大士，即是法性生身大菩薩，法性亦即是真性、佛性、如來藏妙真如性。

⑤**戒賢、智光二論師，各立三時教** 戒賢論師，梵名 Śīlabhadra，是印度唯識學派的大師，是摩揭陀國那爛陀寺護法論師（梵名 Dharmapāla）的弟子，亦即是玄奘西遊印度時所師事的大善知識；他所立的三時教，乃為：（一）有教是《阿含經》，（二）空教是《般若經》，（三）中道教是唯識中道說《解深密經》。智光論師，梵名 Jñānaprabha，是印度中觀學派的大師，他是提婆（Deva）以及清辨（Bhāvaviveka）的弟子；他所立的三時教，乃是：（一）初時的小乘教，（二）二時的法相教，（三）三時的破相教。由於唯識學派及中觀學派，各自皆以其本宗所依的經典為最深最高的層次，故有《原人論》所說，對於破相教「或云在唯識法相之前，或云在後」之不同。

⑥**將欲破之** 這是將用般若中觀之破相教，來破斥瑜伽唯識之法相教，由於唯

識的法相教，主張「我身是唯識所變」，所謂萬法唯識，「識為身本」，即是八識三能變，是依八識變現眾生的五蘊身心，故此五蘊身心是虛妄不實的。依唯識學派所說，八識也是虛妄，必須轉八識成四智，稱為轉依，才能轉虛妄為真實，故其關鍵仍在第八識。唯識學派只說由妄轉真，而未說第八識是如何由真成妄的，其本體既不是真性，又何以能成為真性？

因此，《原人論》則在此提出疑問：八識所變的五蘊之身既是虛妄的，能變的八識，豈不也是虛妄的嗎？照道理說，能變所變，能見所見，應該是能所相同，都是虛妄。於是舉出夢想與夢中所見物做為比喻，夢中所見物，夢醒之時，即知虛幻非實，而彼夢想的本身，當然亦是虛幻不實的。以此足徵唯識法相之教，尚是不了義教。

⑦**假託眾緣，無自性故**　此處即點出，法相教依據八識做為人身的本源之說，是站不住腳的，因為諸識亦是眾緣生法，並無識的自性可言。

此所謂眾緣，是指一切法，皆依各種因緣而出現、而消失，稱為眾緣起、眾緣滅，這一思想，即是佛法的主要特色，釋迦成道時所證悟的，便是此一緣起的真諦。例如《中阿含經》卷七的《象跡喻經》第十說：「若見緣起，便見法，若見法，便見緣起。所以者何？諸賢！世尊說：五盛陰（蘊），從因緣生。」（大正一，四六七上）《增一阿含經》卷二十也有說：「如來恭敬法故，其有供養法者，則恭敬我（佛）已，其觀法者，則觀我（佛）已，有法則有我（佛）已。」（大正二，六五二下）

因為佛是大覺，覺的即是諸法緣起，眾生若觀諸法緣起，便是觀佛，便見佛。五蘊是構成眾生（人）自我中心的眾緣，五盛陰，即是眾生身命的五蘊熾盛苦，即是五蘊身的作用熾盛。舊譯五陰，新譯五蘊。若能悟見五蘊熾盛苦的此身，不過是由眾緣聚合而成，並無一個不變的自性我在中間，便是覺者，便能從煩惱的苦，獲得解脫，因此佛說「見緣起即見法」，又說「觀法即觀佛」了。

又所謂眾緣，即是因緣，梵語 **hetu-pratyaya**，任何一法，絕無孤起，必仗因緣，強而有力者為主、為因，疏而力弱者為添、為緣，例如以五穀的種子為因，以陽光、空氣、水分、農夫為緣，才能生長成為苗稼。在《阿含經》中的因緣，主要是講眾生（人）的生命，由三世十二因緣的順向及反向循環，而成為流轉生死及生死還滅的現象。到《大乘入楞伽經》卷二，則說：「一切法因緣生，有二種，謂內及外。外者，謂以泥團、水、杖、輪、繩、人功等緣，和合成瓶……；內者，謂無明、愛、業等，生蘊、界、處法，是為內緣起。」（大正十六，六〇〇上）這是將因緣生的一切法，分作外及內的二大類，外者是指器世間的一切物，內者是指由五蘊、十八界、十二處構成有情世間的一切眾生（人），已將因緣法的範圍，涵蓋了三界一切法。

《大乘入楞伽經》卷二又對因緣二字，做了進一步的解說：「因有六種，謂當有因、相屬因、相因、能作因、顯了因、觀待因。」並以四緣相配，謂「因緣、所緣緣、無間緣、增上緣」（大正十六，六〇〇上）。此經六因的名稱次第，與《俱舍論》卷六及卷七所說者略異，彼謂能作因、俱有因、相應因、同類因、遍行因、異熟因；四緣則相同，唯將無間緣，譯為等無間緣。此六因四緣的相互配釋，則可參考《大毘婆沙論》卷十六。

至於何謂「無自性」？這要從有自性講起，小乘薩婆多部（sarvāstivādin）學者，是主張有自性的，例如《大毘婆沙論》卷六有云：「如說自性，我、物、自體、相分，本性亦爾。」（大正二十七，二十九下）因為從一般人的觀點看，因緣和合而有的一切法，是有自體存在的，是各有其自有的。上座部（sthāvira）名之謂「自相」（svalakṣaṇa），薩婆多部名之謂「自性」（svabhāva），此自相與自性二名，是同義而通用的。然在《中品般若》成立以後，為了適應北方薩婆多部主教自性有的教說，而提出「自性空」（svabhāva-śūnyatā）這個名詞，在《大品本》稱作「有法空」的有（bhāva）與「自性空」的自（sva），可以合併解讀為「自有」，即是本性；因此，自性空、自相空、本性空（prakṛti-śūnyatā），都算是同義詞。

在般若部類的經典之中，有七空、十四空、十六空、十八空、二十空的名稱，在十四空之後，即列有本性空、自相空的名稱，然到十八空及二十空之中，才列有自性空，這已是《中品般若經》的呈現法了（以上兩段的資料，係參考印順法師《初期大乘佛教之起源與開展》第十章第六節的「空性」項）。

不過，《原人論》所說的「無自性」這名詞，意思同於「自性空」，出處是龍樹的《中觀論．觀因緣品》第一的第四頌所云：「如諸法自性，不在於緣中，以無自性故，他性亦復無。」（大正三十，二中）意謂諸法皆是眾緣所生，在眾緣之中並無任何一法會有其不變的自性，以無自性故，法不能自生，以自性無故，他性亦無，所以任何一法亦不應從他性生。無自性、無他性，便是空性。宗密以此來指出唯識法相所說的唯識所變境，既是虛妄不實，那麼能夠變出虛妄之境的識，又豈會是真的呢？

其實，自性空或無自性，雖是印度初期大乘佛教的般若及中觀的性空思想，根據印順長老的研究所知，早在《雜阿含經》中就已有了跡象，空義亦早已受到尊重，此可參考《雜阿含經》卷九，二三二經云：「眼空，常恆不變易，法空，我所空，所以者何？此性自爾。……耳鼻舌身意，亦復如是，是名空世間。」（大正二，五十六中）六根、六塵、六識的諸法是空的，此空是恆常不變易的，我及我所皆空，其本性就是如此，即名為「空世間」。此時雖尚未見自性空或無自性的名詞，然與其相當的空思想，似乎已要呼之欲出了。《雜阿含經》卷十一的二七三經亦云：「於一切空行空心，觀察歡喜，於空法行，常恆住不變易法，空我我所。」（大正二，七十二下）這是告誡修行的比丘，當修持觀照一切空，以觀空的心，常恆住於不變的空法，既無能觀照的我，亦無被觀照的我所。此外尚有《雜阿含經》卷十三的三三五經，說明第一義空，即是十二因緣的還滅（大正二，九十二下），以及卷四十七的一二五八經有「空相要法，隨順緣起」之句（大正二，三四五中）等，這些都是緣生性空思想的先驅。

⑧ **《中觀論》云**　《中觀論》四卷，亦名《中論》，龍樹菩薩造，梵志青目

釋，鳩摩羅什譯，是龍樹思想之中，最主要的論著，也是印度中觀學派的中心論書，影響極為深遠。印度教吠檀多派哲學的興起，就是採取了中觀無自性空的論點及其論法；對於漢傳佛教的影響，主要是三論宗及天台宗，唯皆不是純粹的中觀徒裔。倒是現代臺灣的印順長老，對於中觀思想的闡揚與弘傳，不遺餘力。

《原人論》於此處所引《中觀論》的偈頌，是出於《中觀論》卷四的〈四諦品〉，其原文共有八句：「眾因緣生法，我說即是無（空），亦為是假名，亦是中道義。未曾有一法，不從因緣生，是故一切法，無不是空者。」（大正三十，三十三中）宗密只引了六句，省了二句，而且有兩句是前後倒置，目的是在顯示出仗因託緣而生的一切諸法，都是空無自性的。《原人論》引用《中觀論》，目的在介紹破相教在宗密五教判中的位置和層級。

⑨ **《起信論》云** 《起信論》一卷，是《大乘起信論》的略稱，相傳為印度馬鳴菩薩造，真諦三藏譯，自隋之慧遠，唐之法藏及曇曠，新羅之太賢及元曉，以迄明末的憨山德清、蕅益智旭、正遠、真界、通潤，清之續法，均曾為之撰著疏釋，厥為中、韓、日本等國佛教史上極具影響力的一部論書。尤其對於華嚴宗倡導的「隨緣不變，不變隨緣」，即是依據《起信論》真如隨染淨緣的思想而來。宗密是

被稱為華嚴五祖，他重視《起信論》是理所當然的，他在引用中觀學派的觀點，破斥了法相教唯識所變的虛妄識，又引用如來藏系的《起信論》觀點，來破斥唯心所造的妄念心，以證明唯識及唯心的若識若心，均非第一義諦的真性。

關於《大乘起信論》這一種文獻，除了傳說是梁代的真諦所譯，唐代翻譯《華嚴經》的實叉難陀，也曾譯過這部論，共二卷，被大家通用的則為真諦譯本。可是，論主及譯者究竟是誰？自古即有疑點，傳說是馬鳴所造，古來的印度，有「六馬鳴」的傳說，大家都認為是龍樹以前的那位馬鳴，然於龍樹時代之前的馬鳴，尚不可能有《起信論》這樣圓滿的思想發生，因其比起唯識學還要圓滿，一定是在唯識盛行之後，才出現的。至於亦非真諦所譯，也是從隋代開始即有之說。依據近代的日本學者望月信亨等人，對翻經史的研究結果，即認為不是真諦所譯。梁啟超於一九二二年採用日本學者的說法，寫了一冊《大乘起信論考證》，並證明本論不是真諦譯，論前的智愷序也是假的；支那內學院的呂澂，也以為實叉難陀的二卷本，只不過是依梁譯本的文字稍加修改而已，所以也非另從梵文譯出。且據《續高僧傳》卷四「玄奘傳」說，由於玄奘遊印時，彼地已無梵文本的《起信論》，所以玄奘特依漢文本將之轉譯成梵文。

因此，近代的中日學者，對《起信論》是否出於馬鳴造、真諦譯，有二系的懷疑立場：（一）日本學者及梁啟超，是根據史料考證。（二）支那內學院的歐陽竟無、王恩洋、呂澂，是從義理的角度考察。但是，儘管有人懷疑，《起信論》卻是一部組織嚴密、思想圓熟、文字精鍊優美的偉大論書，是一部萬年不朽、光芒萬丈的鉅著，此乃是動搖不了的事實。所以近代也有太虛大師，大力維護此論，因為他是中國佛教傳統思想的守護者，其思想也是和《起信論》的如來藏思想一致的。縱然是傾向於印度初期大乘佛教性空思想的印順長老，雖不贊成如來藏思想的真空妙有之說，卻對《起信論》的價值，依舊是持肯定的態度，故也有一部非常紮實的《大乘起信論講記》傳之於世；依據印老的研究，《起信論》所說心意識的名字術語，是採用菩提流支譯的《楞伽經》；《起信論》以豎論明心識，是採用錫蘭佛學的《解脫道論》（《講記》一七三頁）。可見《起信論》也未必是華人的杜撰了。

《起信論》的思想架構，是依一（如來藏）心，開出心真如門及心生滅門，再從心生滅門入心真如門，然後是如何對治邪執？如何分別發趣道相？接著是對於不能進入真如門的人，介紹如何修行信心？最後是勸修利益。主要的內容是說明心生滅的覺相，有始覺、本覺、不覺的三個層次，以及生滅心的因緣、心的生滅相。於中頗有部分似於唯識學的心相分析及識種熏習，但所用名相及其組織層面，與唯識學大不相同。尤其是真如心隨緣的思想，跟唯識學的真如不隨緣，絕對是風馬牛不相及的。

《原人論》於此處所引《起信論》的文句，是取自開頭處的部分。說明真如「心」的本「性」，謂之「心性」，乃是「不生不滅」的，人所謂的「一切諸法」差別相，乃是「唯依妄念而有差別，若離心念，則無一切境界之相」（大正三十二，五七六上）。意思是說，心真如性，是不生不滅的，是沒有差別的，之所以凡夫執著有一切諸法的各種境界，只因起了生滅的妄念心，才見有種種法相的差別，若能出離了這種虛妄生滅的心念，即不會見有一切的善惡好壞、千差萬別的境界之相了。

此處《原人論》所說的「心」，不是真如門的不生滅心，乃是生滅門的虛妄心，此所謂的「境界」，是六塵的外境。通常所謂的「萬法唯識」，即是虛妄的八識種子，現行而為五蘊、十二處、十八界的外境；又所謂的「三界唯心」，即是說三界的虛妄境界，唯此分別的妄念心所造。因此，《起信論》又告知我們說：「當知世間一切境界，皆依眾生無明妄心而得住持。是故一切法，如鏡中像，無體可得，唯心虛

妄；以心生則種種法生，心滅則種種法滅故。」（大正三十二，五七七中）

《原人論》於此破相教項下，要破斥的不是凡夫迷執的六塵外境，也不是要破斥五蘊身心所構成的自我中心，因為那已在前面破迷執、破小乘項中破斥過了。此處是假借《中論》所說的無自性、《起信論》所說的無明妄心，來說明唯識法相既承認所變的根身、器界為虛妄，能變的八識種子豈會是真？既不是真，又何能回轉為真？亦是借「三界唯心」的虛妄心，顯示「萬法唯識」的八識，亦是虛妄。只因唯識是先破妄境，然後轉識成智，而《起信論》是先明無明妄念之心，雖同出於不變隨緣的真如心，卻是因隨染緣而生妄念差別，而執三界一切境界，若離此虛妄的心念，便無一切境界的差別之相了；也就是先破了對於妄心的執著，自然即無心外的境界相可被分別執著了。因此，《起信論》所說的「心生則種種法生，心滅則種種法滅」，看來似乎是跟《雜阿含經》的「此有故彼有，此滅故彼滅」的緣起觀相同，其實《起信論》是以此強調：「三界虛偽，唯心所作，離心則無六塵境界。」（大正三十二，五七七中）此已明白點出，生滅心即是無明的妄念心，不是不生不滅的真常心，「三界唯心」的成語，即出於此，是指三界的種種諸法，皆由此生滅的妄心分別所生起，若從心生滅門進入了心真如門，即是心滅法亦滅，即無三界的種種境界了。

⑩**心境皆空**　《起信論》的「心滅則種種法滅」，是說，若能了悟生滅之心是虛妄的，便能了悟被心所緣的一切境界也是虛妄的。虛妄不實，即是空性，了悟心性是空，亦必了悟三界境界，乃是同一空性；心空境亦空，所以稱為心境皆空。可知，《起信論》的「三界唯心」，是指出此心是生滅的妄念心，由它生起的三界一切境界，當然也是虛妄不實的。這才是破相教所說的大乘實理。此不同於唯識法相所說的「虛妄唯識」，那是說唯識所變的根身、器界是虛妄的，並沒有同時指出能變現根身、器界的八識根本，也是虛妄的。所以此處破相教要破的對象，即是唯識的識了。

⑪**知無者誰？**　此處是《原人論》論主提出了另一層次的問題；既然如前破相教所說「無自性故」，「心境皆空」，那麼究竟是誰知道是無是空的呢？虛妄的諸法，必定是依真實法產生的，真妄、虛實，是相對的，若無真實法，豈有虛妄法。例如水與濕性的關係，水是可以隨著氣溫環境等因緣的變化，而會變成氣、雨、霧、霜、露、雲、雪、雹、冰等各種型態，唯其實體的濕性不會變。那麼，在妄心及妄境的背後，到底又是誰呢？此在破相教的般若及中觀，是沒有答案的。於是

《原人論》接著批評說：「故知此（破相）教，但破執情，亦未明顯真靈之性。」換句話說，在介紹破相教之後，尚有一乘顯性教必須出場。什麼是一乘顯性教呢？那便是〈禪源諸詮集都序〉卷上二所言，是指《華嚴》、《密嚴》、《圓覺》等四十餘部經，《寶性》、《佛性》、《起信》等十五部論（大正四十八，四〇五上）。也就是一切如來藏系統的經論，都屬於明顯真實之性的聖教。

雖在本節破相教之中，也引用了《起信論》，卻不表示《起信論》也屬於破相之教，只是說《起信論》中亦含有破相教這一層次的教說，在這層次之上，尚有一乘顯性教的教法，才是《起信論》的宗旨，那便是隨緣不變的如來藏，亦是不生不滅的真如心。絕不像是《般若經》及《中觀論》那樣，講完心空境亦空之後，就沒有交代了。事實上，這也正是大乘佛教發展史上必然的結果，因為「心境皆空（無）」的解脫觀，對於大多數人而言，未免過於空洞了，如果說，完成了圓滿果位的諸佛，在他們的色身涅槃之後，便什麼都沒有了，豈不落於唯物論或自然外道的斷滅見了？當然不是的，因此，就有了真空妙有的佛性、法身、法性、真如、如來藏等真常心性之教法，那便是在下面第四章中要介紹的。

⑫《（大）**法鼓經**》云　此經有上、下二卷，劉宋求那跋陀羅譯，在《大藏

經》中，被編列於法華部，自古以來尚未有人對此經加以深入研究，也未見有註釋。根據日本學者馬田行啟的認知，此經內容有三乘開會及開三顯一的思想，又有長者窮子喻、化城喻、父少子老喻，故推定係與《法華經》同時的初期大乘經典；又有「有非有法門」及「般若空」等的思想，故推定係出於《般若經》之後。又有眾生悉有佛性及如來常住不滅等的思想，故推定係出於《涅槃經》之前，可能是《法華》、《涅槃》二經的母經（日本《國譯一切經．法華部》，頁二四九至二五〇）。

我們可以在此經之中，發現不少與如來藏思想相關的經文。例如有云：

不說餘經，唯說如來常住及有如來藏而不捨空，亦非身見空，空彼一切有為自性。（大正九，二九一中）

復得如是，如來常住。（大正九，二九五上）

一切空經，是有餘說，唯有此經，是無上說。（大正九，二九六中，此處的前二句正是《原人論》所引的本經經句）

能現前見，如來常住，不壞法身。（大正九，二九九中）

當知如來常住安樂，正心悕望，勿為諂曲，當知世尊，如是常住，淨悕望者，我當現身。（大正九，二九九中）

這幾段經文，是說如來是永恆常住不滅的，但也不會違背空義，亦不以空為如來身，空是空去一切有為法的自性見。一切宣說空義的（如般若）經典，都是方便的有餘之教，唯有像《大法鼓經》這樣的如來藏系經典，才是無上無餘的了義教。如來的法身常住不壞，當其肉身涅槃後，法身常住於安樂國土，凡有以清淨精進的心希望見到如來，如來即當於此人前現身。這與破相教所說的心境皆空之義相比，自然是更勝一層了，因為空教是空除有為諸法的自性見，如來藏的一乘顯性教，是顯示在空去一切有為法的自性見之後，尚有常住的如來法身，而此法身不僅是觀念的、理論的、抽象的，亦是實際恆常住於安樂國土，同時也是可以隨眾生的企求在人間示現的。這是將哲學層面、實證層面、信仰層面，都兼顧到了，也與彌陀淨土的思想和信仰銜接上了。這就是為什麼如來藏系的大乘佛教，特別受到長期的歡迎，而成為主流佛教的最大原因了。

⑬《大品經》云　在通常的經目中，是將《摩訶般若波羅蜜經》，意譯為《大品經》、《大品般若》、《大般若經》、《大品般若經》，二十七卷（或三十卷、或四十卷），共九十品，鳩摩羅什三藏譯。梵文原典為《二萬五千頌般若波羅蜜多經》，是玄奘譯六百卷《大般若經》的第二會，共八十五品，每品皆可成為獨立的小品經典。《原人論》此處所引「空是大乘之初門」句，我大致翻檢，尚未發現是在哪一品中，唯其引此經文用意，已很明顯，是借此經句，佐證破相教是大乘始教。

第四章　直顯真源
——佛了義實教①

原文與語體對照

五、一乘顯性教者②，說一切有情，皆有本覺真心③，無始以來，常住清淨，昭昭不昧，了了常知。亦名佛性④，亦名如來藏⑤。從無始際，妄想翳之，不自覺知。但認凡質故，耽著結業⑥，受生死苦。大覺愍之，說一切皆空⑦；又開示，靈

這是第五教，名之為一乘顯性教的原因，是說一切有情，皆有本覺真心，它從無始以來，就是常住清淨的，就是昭昭不昧的，就是了了常知的，這個本覺心，亦名為佛性，亦名為如來藏，由於打從無始以來，久被妄想翳覆，所以有情不自覺知而但認得凡夫性質，因此耽著於煩惱結業，而受生死苦報。大覺世尊憐愍有情，說一切皆空；又開示有情的靈覺真心，說其清淨，全同諸佛。

覺真心⑧，清淨全同諸佛。

故《華嚴經》云⑨：「佛子！無一眾生而不具有如來智慧，但以妄想執著而不證得，若離妄想，一切智、自然智、無礙智，即得現前。」便舉一塵含大千經卷之喻⑩，塵況眾生，經況佛智。次後又云：「爾時如來普觀法界一切眾生，而作是言：奇哉！奇哉！⑪此諸眾生，云何具有如來智慧迷惑不見？我當教以聖道，

是故《華嚴經》云：「佛子！無一眾生而不具有如來智慧，但以妄想執著而不證得，若離妄想，一切智、自然智、無礙智，即得現前。」接著便舉在一塵之中，含攝大千經卷的譬喻，以塵比況眾生，以經比況佛的智慧。同經的稍後，又有一段經文說：「爾時如來以無障礙清淨智眼，普觀法界一切眾生，而作是言：奇哉！奇哉！此諸眾生，云何具有如來智慧，迷惑不見？我當教以聖道，令其永離妄想，自於身中，得見如來廣大智慧，與佛無異。」

令其永離妄想，自於身中，得見如來廣大智慧，與佛無異。」

評曰：我等多劫，未遇真宗，不解返自原身，但執虛妄之相，甘認凡下，或畜或人。今約至教原之，方覺本來是佛。故須行依佛行，心契佛心，返本還源，斷除凡習，損之又損，以至無為⑫，自然應用恆沙，名之曰佛。當知迷悟同一真心，大哉妙門，原人至此（然佛說前五教，或漸或頓。若有中下之

評論云：我等歷劫以來，未能遇見真宗，不解如何返回自己原有的佛性之身，但知執著虛妄之相以為我身，還甘願認定下劣的凡類幻質之軀為自身，或為畜生，或為人。今依華嚴至教，來考究此身，方自覺知，本來是佛。因此必須行依佛行，心契佛心，返還本源心地，斷除凡夫的習性，如《道德經》所說：「損之又損，以至無為。」那便自然能夠應用無限如恆河沙，即名之曰佛了。因此，不可不知：不論是迷時的眾生，以及悟後的諸佛，都是同具一個本覺真心。這真是偉大而又絕妙的法門！至

機，則從淺至深，漸漸誘接，先說初教，令離惡住善；次說二三，令離染住淨；後說四五，破相顯性，會權歸實，依實教修，乃至成佛；若上上根智，則從本至末，謂初便依第五，頓指一真心體，心體既顯，自覺一切皆是虛妄，本來空寂，但以迷故，託真而起，須以悟真之智，斷惡修善，修善息妄歸真，妄盡真圓，是名法身佛。

此才是探究人之根本源頭的至極之說。然而，佛說以上的五教，或者是漸，或者是頓。若遇有中下根機的人，便是從淺至深，漸漸誘導接引，於是以人天善法的初教，令其遠離十惡業而住於十善業；次說第二小乘教及第三法相教，令其遠離染法而住淨法；後說第四破相教及第五顯性教，令其破相顯性，會權歸實，依於實教而修，乃至成佛；若遇到上上善根利智的人，便是從本至末，即是說，初開始便依第五的一乘顯性教，當下頓指一真的心體。心體既顯，便會自覺一切的根身、器界，無非是虛妄相，它的本來面目即是空寂。但由於迷而未悟，所以託真而起妄，必須要以悟真之智，斷惡修善，息妄歸真，妄盡之時，真源之心就究竟圓滿了。那就名為法身佛了。

考釋條目

①**佛了義實教**　有關了義不了義的問題，已在本書的第一章第十七條考釋中，做了一些論列。事實上，對於此一問題，各種經論、各家學派，各有不同的看法，並無定論，但看是站在什麼角度的什麼立場，就許有各自不同的判斷。

了義的梵文是 nītārtha，不了義的梵文是 neyārtha，意謂凡是文理究竟的名為了義，文理不究竟的名為不了義。例如《異部宗輪論》有云：「非佛一音能說一切法，世尊亦有不如義言。佛所說經，非皆了義，佛自說有不了義經。」（大正四十九，十六下）以此足徵，早在部派佛教時代，就已有人討論這個問題了。

依據唐代窺基大師所撰《大乘法苑義林章》卷一〈總料簡章〉之說，了義不了義的界定是有層次的，若依佛法的立場說，凡是佛經都為了義，唯外道法是不了義；若依大乘法的立場說，凡聲聞乘法皆為不了義經，唯大乘法名為了義；大乘經中，說諸法相，若言非顯了，所詮不究竟者，名為不了義，言若顯了，所詮究竟理者，名為了義；又依大乘唯識學派的《瑜伽師地論》卷六十四言，大乘經中，如世尊略說者，為不了義經（取意大正四十五，二四六上及下）。《瑜伽師地論》卷六十四的原文是：「不了義教者，謂契經、應誦、記別等，世尊略說，其義未了，應當更釋。了義教者，與此相違，應知其相。」（大正三十，六五四中）並未明指大乘經中哪些是屬於不了義教，但在《解深密經》卷二說有三時教，唯識學派即判定第一時《阿含》的聲聞乘法及第二時《般若》的無自性空法，同屬不了義教，唯有第三時所說，是依三性三無性，說明遍計所執性是空，依他起及圓成實的自性是有，才是了義（見印順長老《初期大乘佛教之起源與開展》二十二頁）。《解深密經》所說三時教的了義不了義原文，見於大正十六，六九七上及中。

若依據四十卷本的《大般涅槃經》卷六，先說「依法不依人，依義不依語，依智不依識，依了義不依不了義」的四法（大正十二，四〇一中），然後逐項解說，講到依了義不依不了義項下，即謂：

了義者名為菩薩，……又聲聞乘名不了義，無上大乘乃名了義。若言如來無常變易，名不了義，若言如來常住不變，是名了義；聲聞所說，應證知者，名不了義，菩薩所說，應證知者，名為了義；……若言如來入於涅槃，如薪盡火滅，名不了義，若言如來入法性者，是名了義。（大正十二，四〇二上）

以上這段經文告訴我們，首先當用四依法辨別佛法與非佛法，然後逐項說明什麼是四依。至於何為了義及不了義，首先用聲聞法及菩薩法來說明何者了義何者不了義，接著雖未明言唯識系及中觀系的是不了義，確已明示只有宣說如來常住不變的無上大乘，是了義，只有宣說如來涅槃之後即入於常住法性的，是了義，也就是只有如來藏系的經論屬於了義教了。

但是，依據華嚴三祖法藏大師的《大乘起信論義記》卷上所言，當時的天竺那爛陀寺，同時有戒賢及智光二大論師。戒賢論師，遠承彌勒、無著，近踵護法、難陀，依《解深密經》、《瑜伽》等論，立三時教，以第三時的法相大乘為真了義，因其具說三性、三無性等，方為盡理。第一時轉四諦法輪的四《阿含》，以及第二時說諸法自性空的諸《般若經》，均非了義教。至於智光論師，遠承文殊、龍樹，近稟提婆、清辨，依《般若經》、《中觀》等論，亦立三時教，以明第三時的無相大乘為真了義，初時為諸小根，說四諦法。第二時為諸中根，說法相大乘，明境空心有的唯識道理。第三時為諸上根，說無相大乘，辨心境俱空，平等一味，為真了義（大正四十四，二四二中）。故於《原人論》論述「大乘破相教」的細字註中，亦曾有「天竺戒賢、智光二論師，各立三時教」的記載。

由此可以明白，印度大乘佛教的三大派系，中觀、瑜伽、如來藏，各各皆判自宗為了義教，他宗為不了義教；不過尚未有聲聞乘的學者出來爭論了義不了義的問題，亦未見戒賢、智光二大論師明指如來藏系的經論為不了義教。像這種後後批判前前的現象，以思想史的角度來看，應該是可被接受的。

法藏大師將大、小乘佛法，分為四宗：（一）隨相法執宗，是指小乘諸部。

（二）真空無相宗，是指《般若》等經、《中觀》等論。（三）唯識法相宗，是指《解深密》等經、《瑜伽》等論。（四）如來藏緣起宗，是指《楞伽》、《密嚴》等經，《起信》、《寶性》等論。他對這四宗的判斷，是以第四如來藏緣起宗為最究竟，並以華嚴的觀點為第四宗的代表，而云「理事融通無礙」說，乃是「理徹於事」，又是「事徹於理」的一個宗（大正四十四，二四三中及下）。

不過，法藏並不認同戒賢及智光二大論師所作的三時教判，因他發現，所舉「四宗，亦無前後時限差別，於諸經論，亦有交參之處」（大正四十四，二四三下），這是正確的判斷，例如阿含部諸經，不僅是釋尊在鹿野苑對五比丘說的一部分，而是縱貫釋尊成道之後直到涅槃為止，一生中所說的教法，合集而成的；諸部論典的內容，亦有前後交參的狀況。

再從法藏所判四宗的順序來看，是將真空無相宗置於唯識法相宗之前，將唯識法相宗，置於真空無相宗之後。然從宗密所判的五教順序來看，是將法相唯識教置於破相無自性的般若、中觀之前。雖在華嚴宗的傳承系譜上，他們兩人是祖孫關係，對於教判的立場則各有看法。

至於如來藏系的經論，乃是貫串了印度大乘佛教初、後、晚三個時期的，雖然沒有像中觀及唯識那樣，在印度從文殊及彌勒二大菩薩開始，即漸漸形成了系統性的學派，如來藏系的思想在印度雖已有了許多經論，並未見有學派型的傳承，卻在傳入中國之後，形成了漢傳佛教諸宗之中共同的主流。所謂中國的大乘八宗之中，除了窺基一系的唯識宗之外，幾乎都屬於如來藏的系統。乃至三論宗亦受有如來藏思想的影響，例如吉藏大師（西元五四九—六二三年）除了也講《華嚴經》，著有《華嚴遊意》一卷，並有《大乘玄論》五卷，於其卷三，論及佛性義的第九「會教門」項下，便說：「《涅槃經》中名為佛性，則於《華嚴》名為法界，於《勝鬘》中名為如來藏自性清淨心，《楞伽》名為八識，《首楞嚴經》名首楞嚴三昧，《法華》名為一道一乘，《大品》名為般若法性，《維摩》名為無住實際，如是等名，皆是佛性之異名。」（大正四十五，四十一下）吉藏是三論宗的集大成者，他卻把《大品般若經》的般若法性，與如來藏系的佛性、法界等，認作為同義而異名了。另請參閱本書緒論一章四節之末段。

如來藏系的思想之所以特別受到漢傳佛教的歡迎，且被普遍而持久不衰地弘傳，是因為《華嚴經》說：「眾生皆具如來智慧。」又說：「初發心時，便成正覺。」以及《涅槃經》說：「一切眾生悉有佛性。」便使得大家生起了都能有機會頓悟成佛的信心，也顯示了大乘佛教生佛平等的偉大思想。這也正是宗密大師會將如來藏系的大乘佛法，置於五教之中最高層次的原因，於是《原人論》便稱此一層次，為「直顯真源」的「佛了義實教」了。

如果站在中觀及唯識的立場，他們各有經證，不會承認自宗是不了義的，因為唯識學派有《解深密經》作證，中觀學派的般若經典之中，到了宋代的施護，即曾譯出一部《了義般若波羅蜜多經》，既然以了義為經名，其意涵就非常明白了。

②一乘顯性教者

一乘的梵文是 eka-yāna，最早在《雜阿含經》卷二十一的五六一經，即有：「如來應等正覺，所知所見，說四如意足，以一乘道，淨眾生，滅苦惱，斷憂悲。」何等為四？即是欲定、精進定、心定、思惟定（大正二，一四七中）。又於同卷的五六三經說：住於淨戒，受波羅提木叉，威儀具足，即是「一乘道，淨眾生，滅苦惱，越憂悲，得真如法」（大正二，一四七下）。又說於苦聖諦、苦集聖諦、苦滅聖諦、苦滅道聖諦，如實具足，即是「一乘道，淨眾生，離苦惱，滅憂悲，得如實法」（大正二，一四七下及一四八上）。

以此即可得知，《雜阿含經》所說的一乘道，是指修持戒、定，修持四聖諦的解脫法。眾生修此一乘道，便能離苦惱、滅憂悲，得真如法，亦名如實法。這與大乘佛教所說的一乘，雖不盡相同，卻是大乘佛教所說一乘義的先驅和源頭，義理雖有深淺之殊，本質則是相同，同得如實的真如法。當然《雜阿含經》所講的真如法，跟大乘佛教的真如法相比，也有層次上的差異。

至於大乘佛教對於一乘的詮釋，也有種種差別，《法華經．方便品》云：「十方佛土中，唯有一乘法，無二亦無三，除佛方便說。」（大正九，八上）這是說，真正如實的佛法，唯有一乘法，如果說有二乘法及三乘法，那都是方便說，不是真實說。另一部同屬於法華部的《大薩遮尼乾子所說經》〈一乘品〉，亦云：「文殊師利，諸佛如來，說三乘者，依世諦說。文殊師利！諸佛如來，說一乘者，依第一義說，第一義者，唯是一乘，更無第二故。」（大正九，三二六中）此說與《法華經》相同，諸佛是依世俗諦，方便說三乘法，依第一義諦，說一乘法，並非實有二乘法。《華嚴經》則根本不提二乘三乘，直說：「一切諸佛，唯以一乘，得出生死。」（大正九，四二九中）這就更加乾脆了。以上的三部大乘經典，便奠定了一乘是諸佛真實說的基礎。

又於《入楞伽經》卷四〈集一切佛法品〉，有一段「三昧酒醉」的譬喻，相當有趣。當時佛告大慧菩薩：「如是覺知一乘道相，一切外道、聲聞、辟支佛、梵天等，未曾得知，惟除於我（佛）。」並說諸聲聞乘人，是「味著三昧樂，安住無漏界，無有究竟趣，亦復不退還。得諸三昧身，無量劫不覺，譬如惛醉人，酒消然後悟；得佛無上體，是我真法身」（大正十六，五四〇上及中）。這段經文，也是稱歎一乘教的，先說一乘道相，乃是外道、梵天、二乘所不曾知的，唯有如來得知。接著便說聲聞聖者，耽樂於所得的解脫三昧，住於無漏的寂滅境中，卻無法趣於究竟涅槃的一乘果位。又說聲聞聖者雖不退入三界凡夫，卻因得了三昧之身，雖經無量劫，仍然不能成等正覺。譬如酒醉惛睡之人，要待酒消之後，才能醒來；聲聞聖者，亦需要待從三昧酒醉之中，酒消出定之後，迴小向大，入佛一乘，才能體得諸佛的無上真正法身。這與《法華經》的迴小向大相同，只是沒有在二乘及一乘之外，另說尚有三乘中的大乘，所以不同於《法華經》所說會三乘歸一乘的思想。在《法華經》〈五百弟子受記品〉中，亦有「其人醉臥，都不覺知」，自己擁有「無價寶珠，繫其衣裡」的譬喻（大正九，二十九上）。

《法華經》，另有一個羊車、鹿車、牛車的所謂「三車喻」，將聲聞乘喻羊車，緣覺乘喻鹿車，菩薩乘喻牛車；前三乘是權巧，大白牛車所譬喻的唯一佛乘才是真實。設三車是為誘導愚昧的小兒先上羊車、鹿車、牛車，待他們出離了三界火宅之後，再教他們登上大白牛車。也就是說，宣說三乘是方便的權巧，會歸唯一佛乘的真實，才是如來出世的本懷，稱為迹門。因此，中國天台宗的智顗，便有四教判：以正化二乘、傍化菩薩之教法，為三藏教，將大乘又分作通於大、小三乘的通教，以及不通於二乘的別教，再加上唯一佛乘的圓教。此四教的前三教，皆是權教，唯一佛乘的圓教，才是實教。

可是，到了華嚴宗的二祖智儼及三祖法藏，又將一乘教分作二個層次。例如智儼的《華嚴五十要問答》卷上云：「一乘教有二種，一共教，二不共教。」共教者即小乘三乘教；圓教一乘所明諸義，「是不共教」（大正四十五，五二二中）。又於《孔目章》卷一有云：「一乘義者，分別有二，一者正乘，二者方便乘。」正乘者如《華嚴經》說；方便乘者，如《楞伽經》及《法華經》說（大正四十五，五三八上及中）。法藏的《五教章》卷一的開頭便說：「此一乘教義分齊，開為二門，一別教，二同教。」（大正四十五，四七七上）有關智儼及法藏的教判思想，請與本書第三章考釋第一條目對照著看。

以上所舉，說明了華嚴宗的一乘觀，不同於天台宗的一乘觀，因為《法華經》主要是從因位向果位收攝的，例如〈方便品〉有云：「云何名諸佛世尊，唯以一大事因緣故，出現於世?諸佛世尊，欲令眾生開佛知見，使得清淨故，出現於世；欲示眾生佛之知見故，出現於世；欲令眾生悟佛知見故，出現於世；欲令眾生入佛知見道故，出現於世。」（大正九，七上）這是承認，在諸佛之外，是另有眾生的，而且需要諸佛出世，使得眾生都能開佛知見、示佛知見、悟佛知見、入佛知見道的。同時由於眾生各有深淺不同的根器，所以又說：「諸佛以方便力，於一佛乘，分別說三。」又說：「如來但以一佛乘故，為眾生說法，無有餘乘，若二、若三。」（大正九，七中）這是說，如來出世的目標，即在於令使一切眾生皆成一乘的佛果，但是眾生卻尚有二乘、三乘根器，於是《法華經．法師品》便有「此經開方便門，示真實相」（大正九，三十一下）的所謂開權顯實，或開迹顯本的思想了。

《法華經》所說的「真實相」，即是諸佛知見的真如實性，這是一切眾生本具的真性，是與諸佛無二無別的。只是眾生愚昧，未能覺知，故須等待諸佛出現於世，令使開示悟入，所以被近世天台學者，名為「性具思想」；雖然《法華經．常不輕菩薩品》也主張「汝等皆當作佛」（大正九，五十下），但仍承認因位與果位是不同的，所以才需要會三乘歸一乘。這點與三乘教的立場，是有相同之處的，所以被華嚴宗判為「同教一乘」。

《華嚴經》是從果位來融攝因位，因位又不別於果位的，是直接由諸佛如來的真性來會通一切的，是豎窮橫遍的，是無盡無礙的，是融通三乘的，譬如海中的波浪雖有大小，卻同屬海水，同是濕性，佛及眾生的性海亦然。這是「性起思想」的一乘觀。例如晉譯《華嚴經》卷三十五〈性起品〉有云：「如來身中，悉見一切眾生發菩提心，修菩薩行，成等正覺，乃至見一切眾生寂滅涅槃，亦復如是，皆悉一性，以無性故。」又云：「設使一切眾生，於一念中，悉成正覺，若成未成，皆悉平等。」（大正九，六二七上）又云：「三世一切劫，佛剎及諸法，諸根心心法，一切虛妄法，於一佛身中，此法皆悉現。」（大正九，六二七下）由於如來是以法性為身，名為法性身，法性遍一切時、遍一切處、遍於十方三世一切法，若有情、若無情，若凡、若聖，此身即遍十方法界，亦名法界身。是以每一事法界都不離佛的一真法界，名為理法界，是故一切眾生，都在一佛身中，都於一時發菩提心、修菩薩行、成等正覺、寂滅涅槃；乃至也於如來一念之中，悉成正覺，不論成或未成，都是平等平等。所以如來度盡一切眾生，未見有一眾生可度，因為一切眾生不離如來的一真法界身。因此即知，眾生是如來自心中的眾生，諸佛也是眾生自心中的諸佛。這便是因該果海、果徹因源的別教一乘。

因此，唐譯《華嚴經》卷十九〈夜摩天宮品〉有云：「若人欲了知，三世一切佛，應觀法界性，一切唯心造。」這是說，假如有人想知道三世一切諸佛是什麼的話，此人應該如實觀察遍於一真法界的法性，亦不離任何一個眾生的自心；換句話說，三世諸佛亦不離眾生的自性所現，種種五蘊亦是自心所造。所以也說：「心如工畫師，能畫諸世間，五蘊悉從生，無法而不造。如心佛亦爾，如佛眾生然，應知佛與心，體性皆無盡。」（均見於大正十，一〇二上及中）此處的「性」，是法界性，是佛的法性身；此處的「心」，是佛心、也是眾生心。此心遍於一切，是等虛空遍法界的空性，是沒有動靜之分的；此心在諸佛是悲智的功能，在眾生是造作種種五蘊世間的動力。以因位的眾生而言，確有種種五蘊的差別現象，以果位的諸佛而言，一切眾生身即是佛身，一切眾生心，即是佛心，乃是無二無別的。

所以在晉譯《華嚴經》卷十〈夜摩天宮品〉，對以上兩段經文的漢譯，略有不同，晉譯的前四句是：「若人欲求知，三世一切佛，應當如是觀，心造諸如來。」（大正九，四六六上）這是說，若想知道三世諸佛，應當作如此的觀想：諸佛不出眾生心外，都是由眾生自心所造。這是從佛的自性闡說，眾生的此心，即是三世諸佛之心，這便是因該果海，果徹因源。眾生心是因，諸佛心是果，因果是相即不二的，是不一不異的。因此，後段的晉譯前六句與唐譯相同，七、八兩句，則謂：「心佛及眾生，是三無差別。」（大正九，四六五下）這是說，此心既是佛心，也是眾生心，因為從諸佛的角度看，眾生即在諸佛心中，既是諸佛心中的眾生，諸佛之心清淨無垢，眾生的本心豈會有垢，眾生雖有無明煩惱，不礙無垢的本心，此心既能造種種五陰（蘊）世間，亦不離諸佛的無垢清淨心。故對諸佛而言，根本沒有二乘、三乘、一乘的差別問題，也沒有必要去做會三乘歸一乘的工作，所以不同於《法華經》的同教一乘，華嚴宗便將自宗判為別教一乘。

至於為何稱為「一乘顯性教」？是直顯如來真性，亦名法性，一切萬法皆是由此如來的真性所展現，一切萬法也皆入於此如來的真性，此一真性亦名一法界性，所以這是「諸法從此法界流，無不還歸此法界」的一真法界論。由於這與《起信論》的真如心，性質類同，所以《原人論》將之同名為真性。由於功能類同，故亦同名為真心。

③**本覺真心**　「本覺」與「真心」，出典均為《起信論》，然於其他數部大乘經論中，亦有意義類似的名詞或完全相同的名詞，不過唯有《起信論》將「本覺」

一詞，發揮得非常嚴密而徹底。真心一詞則是本覺的同義異名。

在《起信論》中，覺有五個名詞：覺、不覺、始覺、本覺、究竟覺。「心體離念」，名之為覺；「離念相者，等虛空界，無所不遍，法界一相，即是如來平等法身，依此法身，說名本覺。何以故？本覺義者，對始覺義說，以始覺者，即同本覺。始覺義者，依本覺故，而有不覺；依不覺故，說有始覺。又以覺心源故，名究竟覺。」（大正三十二，五七六中）

其中的覺，是形容心體離念的狀態；也就是不生不滅的真心，不覺是形容凡夫處於妄心的狀態，但此妄心的心體，還是真如如來藏心的本覺；凡夫要依此不覺的妄心起修，才能轉不覺為覺，所以將此起修著力之心，名為始覺。始覺所覺的即是本覺，本覺的體相，是等虛空、遍法界的，所以即是如來的平等法身。又因此始覺是覺的本覺，本覺是心體的最高源頭，所以又名為究竟覺。故五個覺的名詞，都是圍繞著同一個本覺心體而開展出來的，所以此本覺，也即是心真如的異名，又被《起信論》稱為「一法界大總相法門體」。

由此本覺真如，隨於染緣，而將本覺分為二種相，雖為二相，仍不捨離本覺。何謂二種相？（一）「智淨相」是由真如熏習之力，如實修行，破阿梨耶和合之相，滅五意的相續心相，而法身顯現，由於智體本來淳淨故。（二）「不思議業相」是因智體既淳，即能隨著眾生根器，自然與之相應，示現種種，做利益事，由於恆常永不斷絕故（大正三十二，五七六下）。此種由本覺真心的隨緣不變，不變隨緣的思想，是一種從果論因的思想，是由如來的本覺而推演出隨染的大用，跟《華嚴經》的性起思想是相通的，所以宗密大師也在《原人論》中，引用《起信論》做為論證，證明人之本源，即是本覺心源，如此的觀點，始為究竟。

不過，正如前說，本覺一詞，並非僅見於《起信論》，例如《金剛三昧經．本覺利品》有云：「一切眾生本覺，常以一覺，覺諸眾生，令彼眾生，皆得本覺，覺諸情識，空寂無生。」（大正九，三六八中）又有偈云：「一覺本覺利，利諸本覺者，如彼得金錢，所得即非得。」（大正九，三六九上）這是說，由於一切眾生皆具本覺，佛則常以一覺利諸眾生，使諸眾生悟得空寂無生的本覺，因為原來就是眾生本具，是以悟得亦非真有所得。此外尚有與本覺一詞同義異名的，例如《菩薩地持經》卷一的「性種性」，《三無性論》卷上的「本來清淨」，《大乘莊嚴經論》卷六的「阿摩羅識」等。但是，仍以《起信論》的本覺思想，組織最為嚴密。

至於「真心」一詞，是對妄心而言的，許多經論中，有多種與之相似的同義異詞，主要是《起信論》所講的如來藏、真如、心性、本覺、眾生自性清淨心等。該論講到真心的有兩處，那便是：「若心離於妄動，則一切境界滅，唯一真心，無所不遍。此謂如來廣大性智，究竟之義，非如虛空相故。」（大正三十二，五八〇上）又云：「有三種心微細之相，云何為三？一者真心，無分別故，二者方便心，自然遍行利益眾生故，三者業識心，微細起滅故。」（大正三十二，五八一中）這兩段論文所說的真心，都是指的無分別的如來廣大性智，不同於虛空相，因其體性雖離妄動，亦滅境界，確實仍有智用的功能，所以諸佛利生的方便心，眾生微細的業識心，都是由此真心開演出來。這樣的真心，豈不是同於《華嚴經》所說「法界性」的「性」及「唯心造」的「心」嗎？豈不就是本覺的異名嗎？因為真心是「無所不遍」，本覺也是「無所不遍」。

④**佛性**　佛性的梵文是 buddhatā 或 buddhatva，又譯為如來性或覺性，即是一切佛陀的本性。《大方等如來藏經》有云：「善男子！諸佛法爾，若佛出世，若不出世，一切眾生如來之藏，常住不變。」（大正十六，四五七下）這是說的一切眾生，本來具有永恆不變的如來藏。又云：「善男子！莫自輕鄙，汝等自身，皆有佛性。」（大正十六，四五九上）那麼，如來藏與佛性的關係如何呢？故又有云：

「善男子！佛見眾生如來藏已，欲令開敷，為說經法，除滅煩惱，顯現佛性。」（大正十六，四五七下）這是說，如來藏與佛性，都是眾生本具，是同體異名，是因眾生有煩惱，所以未顯如來藏中的佛性（覺性），在聽聞佛法而除滅煩惱之後，佛性（覺性）即會顯現。

以下這段經文，也被《大般泥洹經．分別邪正品》所引：「復有比丘！廣說如來藏經言：一切眾生，皆有佛性，在於身中，無量煩惱，悉除滅已，佛便明顯，除一闡提。」（大正十二，八八一中）這是說，一切眾生身中，皆有諸佛的覺性，除滅無量煩惱之後，即成覺者，名之為佛，除非是斷了一切善根的一闡提（icchantika）人。

為何眾生之中，也有不能成佛的呢？其實不是不能，只要聽聞到了佛性之理，滅除了煩惱，就能成佛的。因此在《大般涅槃經》卷八〈如來性品〉有說：「眾生佛性，亦復如是，常為一切煩惱所覆，不可得見，是故我說，眾生無我。若得聞是大般涅槃微妙經典，則見佛性。」（大正十二，六五二中）這是說，由於眾生的本具佛性，無始以來，常被一切煩惱覆蓋，故不自知具有佛性，亦不自信具有佛性，所以也無意願要見佛性了。若能聽聞了這部《大般涅槃經》宣說的微妙佛法而信受奉行之後，便能見佛性了。又在《大般涅槃經》卷二十六〈師子吼菩薩品〉之二，就更明確地宣示，一闡提人也有佛性，並且對此，以較長的篇幅，做了說明之後，結語云：「善男子！一切眾生，定當得成阿耨多羅三藐三菩提。以是義故，我經中說，一切眾生，乃至五逆，犯四重禁，及一闡提，悉有佛性。」（大正十二，七七九下）這是說，佛性是一切眾生都有的，乃至犯了五種逆罪、四根本戒，以及一闡提人，都不例外。

悉有佛性的理由是：佛性即是諸行無常、諸法無我的空性，無一現象非無常，無常即無實我實法，無常法即無不變恆常的自性，故在《般若經》稱為自性空，稱為畢竟空，此一自性空的形容詞，轉為名詞，即稱為空性，即是空無自性之意。既然是諸法本空的自性，此一空性便是遍在的，便是恆常的。因此，空性遍在萬物萬象的一切法，即是一切法的自性，總名之為法性；此空性在凡夫的有情眾生，稱為佛性，因為若能覺悟此諸法自性是空，便稱為見性，所以佛性亦名覺性；成佛之後，此空性即成為佛的法性身，簡稱法身，亦名法界身。在凡夫的立場，若未聞《大般涅槃經》，不知有佛性；若未聞佛法，不知諸法自性皆空，所以亦不知要見佛性；若能聞了佛法、聞知了一切眾生皆有佛性的道理而依教修行，就能證悟此諸法自性空的真理。因為佛性既是空性，便是不分善人惡人的，也是不分已學佛未學佛的，異類眾生都有佛性，何況一闡提人就不許有佛性呢！

因此，《大般涅槃經》卷二十六有云：「若菩提心是佛性者，一闡提等不應能斷，若可斷者，云何得言佛性是常？若非常者，不名佛性。」（大正十二，七七七下）該經只說菩提心是佛性，未說空性是佛性，乃是唯恐說了空性，愚人便執虛空、頑空為佛性，所以改說菩提心是佛性。但是點出佛性是恆常不變的，已暗示唯有諸法的空性是常恆不變易的，所以，佛性既是常恆不變的空性，任誰也是不能斷除的了，若是能斷或可被斷之物，還能名為佛性嗎？此一論點，當與下面一項考釋參照著看。

⑤**如來藏**　如來藏的梵文是 tathāgata-garbha，意為在一切眾生心中，藏有如來的覺性，若能除去一切的無明煩惱，即是清淨的佛心，即見本具的如來覺性（佛性），是故如來藏與佛性，是異名同義。此在以上諸考釋項內，已有若干討論。由於如來藏思想，早已在漢傳佛教之中，成為最大的主流，故願再做比較深入的探討。

千百年來的漢傳佛教圈內，很少有人懷疑如來藏思想的正統性及正確性，然到西元十九、二十世紀，即有學者從佛教聖典成立史的角度，從文獻內容考察了思想史的演變，便提出了新的看法，認為印度大乘佛教，可分為初、後的二期，如來藏的思想及信仰，是屬於印度的後期大乘教。此在漢文化圈內，是以印順長老的研究最為卓越，他在一九八一年出版了一冊《如來藏之研究》，資料考證和論證，都是極具學術價值的。在日本，也有幾位專攻如來藏研究的學者，其中則以高崎直道教授的成果最為輝煌。

印順長老在他的自序中說，初期大乘的龍樹論中，還沒有明確地說到如來藏與佛性，所以斷定這是後期大乘。又說印度佛教有著悠久的傳統，沒有忘卻釋尊教法的大乘者，對如來藏的「我」，起來給以合理的解釋：如來藏是約真如空性說的，或約緣起空說的。但是，如來藏與印度教的神我或梵我之間，是同是異，已從印度諍論到了中國，諍論到了現代。

由於如來藏與佛性同義，故在《大般涅槃經》中宣說「一切眾生悉有佛性」，亦即是一切眾生身中有恆常不變的如來藏我，例如《不增不減經》云：「如來藏者，即是法身。……此法身過於恆沙無邊煩惱所纏，從無始世來，隨順世間，波浪漂流，往來生死，名為眾生。」（大正十六，四六七上及中）這是說，眾生身中的如來藏，雖被無邊煩惱所纏，仍舊是如來的法性身。這個如來的法身，便是眾生不變永恆的真我，而與妄執五蘊身心的假我相對。

因此，佛在《阿含經》中宣說無常、苦、無我、不淨，到了《大般涅槃經》中，便宣說真常、真樂、真我、真淨，稱為涅槃四德。其中的真我便是四德的主體，故在《大般涅槃經》中，也就特別強化了如來藏我的角色，例如該經卷二〈壽命品〉第一之二有云：「欲伏外道，故唱是言：無我、無人、眾生、壽命、養育、知見，作者、受者……。是故如來於佛法中，唱是無我，為調眾生故、為知時故，說是無我，有因緣故，亦說有我。」（大正十二，三七八下）又云：「諸法無我，實非無我。何者是我？若法是實、是真、是常、是主、是依性不變易者，是名為我。……故說諸法中，真實有我。」（大正十二，三七九上）

這兩段經文是說，為了降伏凡夫外道所執，是故佛說無我，這是適應教化外道的方便說法，其實佛說的無我，亦不同於自然外道的虛無論者，眾生的五蘊身雖非真我，在眾生身中卻有常恆不變易的佛性，亦即名為如來藏的真我、實我，才是佛的究竟說法。例如晉譯《華嚴經》卷三十五〈性起品〉所說的「如來智慧、無相智慧、無礙智慧，具足在於眾生身中，但愚癡眾生，顛倒想覆，不知、不見、不生信心」。（大正九，六二四上）此處所說在眾生身中的如來智慧，實即同於眾生身中的佛性如來藏。

因此，依據印順長老的考察研究，認為「印度神學中的我，與梵同體，而成為生死中的主體。在如來藏法門中，我與如來不二，依我而可以成佛，也就是眾生的主體。」（《如來藏之研究》頁一三四）又說：「印度自有佛教以來，一貫的宣說『無我』，而現在卻說非有我不可。『我』是印度神教固有的，現在佛法也說有我，與印度的神學有什麼差別？」（同前書，頁一三六—七）這都是針針見血的評論。

為了解答這個疑問，《大般泥洹經》卷五，也提出說明：「除世俗我，故說非我方便密教，然後為說如來之性，是名離世真實之我。」（大正十二，八八三下）事實上還是主張有一個真實的我，非我之說是方便密意說。而此一真實我，不知跟印度的神我，又有多少差別？至少是個混淆不清的問題。

此在《楞伽阿跋多羅寶經》卷二〈佛語心品〉也有一段經文，對這個問題，做了相當精彩的辯解：

大慧菩薩問：「云何世尊，同外道說，我（佛）言有如來藏耶？」佛告大慧：「我說如來藏，不同外道所說之我。大慧！有時說空、無相、無願、如實際、法性、法身，涅槃、離自性、不生不滅、本來寂靜……大慧！未來現在，菩薩摩訶薩，不應作我見計著。……開引計我諸外道故，說如來藏，令離不實我見妄想，入三解脫門境界。……如來之藏，若不如是，則同外道所說之我。是故大慧！為離外道見故，當依無我如來之藏。」（大正十六，四八九中）

這是說，在楞伽會上請法的大慧菩薩，對於佛言有如來藏，存有疑慮，擔心此說會與印度教的神我或梵我思想沒什麼差別了。佛的釋疑，則是要告知大慧菩薩，勿將如來藏看作外道的神我，佛是宣說三解脫門的，以及宣說實際、法性、法身、涅槃等，是離自性、不生不滅、本來寂靜的。至於為何要說如來藏？只因為了開示引導那些計我執我的諸派外道，所以說有如來藏，目的是使令他們脫離虛妄不實的我見，而進入佛法的三解脫門，乃至成佛，依此能使他們脫離外道知見，所以說的是無我的如來藏。

可是，這個由如來藏引發的大問題，是不是就此解決了呢？當然沒有，否則也就不用我們再來討論了。問題不是由於《楞伽經》如此一說就能解決的，千百年來的漢傳佛教主流諸宗，也就是持續依靠著佛性如來藏的思想信仰而生存發展下來的。其主要原因是如來藏我的思想，富有極廣大的適應性和消融性，譬如說，鳩摩羅什是《小品般若波羅蜜經》、《金剛般若波羅蜜經》、《大智度論》及《中觀論》的譯者，應該是屬於中觀系的大師，但他也譯了如來藏系的《十住經》、《佛說阿彌陀經》等許多經。他的弟子僧肇，則撰有一篇〈不真空論〉，雖多引《般若經》及《中觀論》，卻明言「聖人乘真心而理順」，又說：「不動真際，為諸法立處，非離真而立處，立處即真也。」（大正四十五，一五二上及一五三上）僧肇另有一卷《寶藏論》，開頭便採用《老子》的句型而言：「空可空非真空，色可色非真色，真色無形，真空無名，無名名之父，無色色之母。」（大正四十五，一四三中）又云：「夫本際者，即一切眾生無礙涅槃之性也。」（大正四十五，一四八上）僧肇所講的「真心」、「真際」、「真空」、「真色」、「本際」、「無礙涅槃之性」，無一不是指的佛性如來藏，他又何嘗不知道印度中觀派所說的「空義」是什麼，卻為了使得佛法能夠適應中國漢文化圈的氣候及土壤，不得不做如此的詮釋。因此，三論宗的吉藏、唯識系的圓測，都有如來藏思想的傾向。

以此可知，如來藏思想，是最能「開引計我諸外道」的，於是使得佛法能在各種異文化圈的土壤內，播種、萌芽、生根、茁壯，枝繁葉茂、開花結果。由於都會追溯源頭的無常、無我，故又不會落於常見、斷見，這也正是大乘佛教提揚的布施、愛語、利行、同事四攝法的「同事攝」，先以己來同於彼，然後引使彼來接受己。也是《大智度論》卷一所謂四悉檀中的世界悉檀及各各為人悉檀（大正二十五，五十九中）。所謂世界悉檀，即是佛陀隨順凡情而用人我等法的假名，隨順眾生喜樂，投其所好，讓其願意接觸接受。所謂各各為人悉檀，即是佛陀明鑑眾生的大小機宜，隨其根機深淺，觀機逗教，應機說法，令使眾生發起信心，增長善根。然後才用第三對治悉檀，即是佛陀宣說慈心觀及不淨觀，對治眾生的多瞋多貪心，說因緣觀，對治眾生的愚癡邪見心，說數息觀，對治眾生的散亂心等。至於第四的第一義悉檀，即是佛陀對於機緣已熟，善根已深的眾生，宣說諸法實相，《般若經》所謂的實相，即是諸法的空相，即是一切法空無自性。可知，四悉檀是佛陀接引眾生、教化眾生，由凡夫至成佛的四個道品次第。

因此，為了解決如來藏是有我或是無我的問題，不妨採用層次化的教判方式，來給與一一釐定：（一）基礎佛法是素樸的《阿含經》所說四聖諦、八聖道，是主張無常、苦、無我、空的，並以常、樂、我、淨四法為四顛倒。（二）初期大乘佛教出現了《般若經》及《中論》，出現了《解深密經》及《唯識》的一系列論書，主張無自性、自性空、三性三無性，乃是由基礎佛法的緣起無常觀的積極開展而來。（三）後期大乘佛教更出現了真常、真我、真心、真性，即是佛性如來藏的真如觀及法界觀，是以無我的空性為基調，亦是以空義的佛性及無我的如來藏為出發，為了「開引」諸派執我的外道，令使認同佛法、歸向佛法的無我，故說有真常的真我、不真空的佛性如來藏。

其實，唯有空性，才是真常不變易的，佛性如來藏，只是空性的異名、假名，乃是為了適應、順應、投合執我外道之所好而設立的。所以《楞伽經》已說，如來藏不即是印度神學的梵我、神我。但它的確是一切法的根本，的確是一切眾生生死及涅槃的主體。所以要說是「佛了義實教」、是「一乘顯性教」，此在各種有神論、尤其是各種一神論的宗教文化圈中，是非常實用的，是可普遍應用的。由此可知，中觀見及唯識見的思想，為什麼在漢文化社會中，只被少數人當做學問來研究討論，而未能成為被廣大社會運用在生活信仰及實際修行中的原因了。相反地，如來藏思想的華嚴哲學、天台思想，在與禪宗及淨土信仰結合之後，便形成了漢傳佛教普及信仰的主流。今後的世界佛教，應該是要具整合性、適應性、包容性、消融性的，能夠擔任並扮演好這份使命及角色的，相信還得要靠如來藏思想。

其實，《中論》卷四〈四諦品〉，先說：「以有空義故，一切法得成；若無空義者，一切則不成。」又說：「眾因緣生法，我說即是無（空）。」此無與空，是同一個梵文字 śūnyatā 的異譯（大正三十，三十三上及中）。這已明確地告訴了我們，唯有空是能夠促成一切法的，青目論師對此的解釋是：「以有空義故，一切世間出世間法，皆悉成就，若無空義，則皆不成就。」（大正三十，三十三上）可知空性是眾生的主體，也是成佛的正因。〈四諦品〉又說：「若先非佛性，不應得成佛。」（大正三十，三十四上）空性即是佛性，若無佛性，豈能成佛？青目的解釋是：「以先無性故，如鐵無金性，雖復種種鍛煉，終不成金。」（大正三十，三十四上）以此可知，若將佛性如來藏視作即是空性，雖在中觀見，也是認同的。其實，在《佛性論》卷一，已說「空是佛性」（大正三十一，七八七下）。請參看「大乘破相教」的考釋第一條目。

⑥**結業**　結業即是由於起煩惱惑造善惡業，受生死報。眾生愚昧，對於自己的業報身起我執，而以身、口、意，造種種業，還受種種報，沉淪三界，流轉五趣，

永無了期，故名結業。若能現觀諸法是一實相，結業立時消滅。

⑦**一切皆空**　此即是指的前章破相教所說的「心境皆空」，乃至世間法及出世間法，無一不空。世間法虛妄，無常故空，出世間法即是實證一切法自性空的本身。

⑧**靈覺真心**　靈覺是一切含靈眾生，都是具有覺性（佛性）的，明此含靈覺性的，是能覺的智慧之心，即是真心。以靈覺形容真心，其實二者是一體的異名，所以亦即是本覺真心的同義異名。

⑨**《華嚴經》云**　此段經文，出於唐譯八十卷本《華嚴經》卷五十一的〈出現品〉，唯與原文略有刪減，現抄錄原典原句如下：

（復次）佛子！（如來智慧，無處不至，何以故？）無一眾生而不具有如來智慧，但以妄想（顛倒）執著，而不證得。若離妄想，一切智、自然智、無礙智，則得現前。（大正十，二七二下。括弧中文字為《原人論》所略）

與此段經文相當的，則見於晉譯六十卷本《華嚴經》卷三十五的〈性起品〉，抄錄如下：

佛子！如來智慧、無相智慧、無礙智慧，具足在於眾生身中，但愚癡眾生，顛倒想覆，不知、不見、不生信心。（大正九，六二四上）

以此與八十卷本相比，是略有出入的，唯其內容主旨相同。

⑩大千經卷之喻 《原人論》引述的，是出於唐譯八十卷本《華嚴經》卷五十一的〈出現品〉云：

譬如有大經卷，量等三千大千世界，書寫三千大千世界中事，一切皆盡。……雖復量等大千世界，而全住在一微塵中，如一微塵，一切微塵，皆亦如是。（大正十，二七二下）

接著敘述有一智慧之人，破一切微塵，出每一微塵所寫三千大千世界經卷的內容，饒益普利一切眾生。《原人論》說：「塵況眾生，經況佛智。」也就是佛以無量無礙的智慧，教導開示微塵數眾生，令其各各皆能得見身中本具的無量無礙的佛智。此在晉譯《華嚴經》的〈性起品〉，亦有類似的記載。

⑪**奇哉！奇哉！** 此段引文，是出於唐譯八十卷本《華嚴經》卷五十一的〈出現品〉（大正十，二七二下）。同樣地也見於晉譯六十卷本《華嚴經》卷三十五的〈性起品〉（大正九，六二四上）。唐譯的原文是：「奇哉！奇哉！此諸眾生，云何具有如來智慧，愚癡迷惑，不知不見。……」與《原人論》所引，亦有少許增減。晉譯本則云：「奇哉！奇哉！云何如來具足智慧在於身中而不知見。」這段經文在漢傳佛教的文獻中是經常看到而被廣泛引用的，以證明一切眾生身中，皆具與諸佛相等相同的無量無礙智慧，只因眾生愚癡，所以不知不見，故要等待諸佛出現，來「教以聖道」，令使眾生，「自於身中，得見如來廣大智慧，與佛無異」。（大正十，二七二下至二七三上）這便是「一乘顯性」之教的出典依據了。

⑫**損之又損，以至無為** 這是援用《老子》之言，以明「一乘顯性」之義。《華嚴原人論發微錄》卷下註云：「以為道日損，惑也；為學日益，智也，損之又損之，則寂照現前，自然應接恆沙之機，非佛而何？」（《卍續藏經》，新文豐版一〇四，二〇八上）這是說，以修道損惑，以進學益智，若能損惑再損惑，至於惑

盡而智圓，便是無相的實相，便是無為的大用現前。

「損之又損」之句，乃為漢傳佛教文獻中常見常用的，華嚴家引用，天台家也用，例如智顗的《摩訶止觀》卷五上亦有云：「我樂息心，默已復默，損之又損之，遂至於無為。」（大正四十六，五十七下）

這是出於《老子》第四十八章，原句則為：「為學日益，為道日損，損之又損，以至於無為。」其《集解》云：「因益以積功，忘功而體道。」故與《原人論》所用，是句同而義異，目的在於《楞伽經》所謂的「開引」外道，來接受無我如來藏的一乘顯性教。因此《原人論》接著就做了這一章的結論，也就是宗密所判第五教的佛了義實教的結論說：「大哉妙門，原人至此。」即是說廣大的眾妙之門啊！到此才是人的根本源頭，才是探究人之為人的至極之說。

第五章　會通本末

——會前所斥，同歸一源，皆為正義

原文與語體對照

真性雖為身本，生起蓋有因由，不可無端忽成身相。但緣前宗未了，所以節節斥之。今將本末會通①，乃至儒道亦是。初唯第五性教所說，從後段已去，節級方同諸教，各如注說謂初唯一真靈性②，不生不滅，不增不減，不變不易，眾生

本源的真性，雖為此身之根本，身命之生起，還是有其因由的，不可能是無端地忽然就有了身相的。但由於前面各宗各教，均未了義，所以給予節節破斥，現在宜將本末會通，乃至儒教與道教，亦可同歸一源。

以下的首段，唯明第五一乘顯性教之所說，從後一段起，才會通其他四教，一一同歸一乘顯性教。如各段註所謂本末會通，是說原本唯有一個真靈之性，那是不生不滅，不增不減，不變不易的。由於眾生從無

無始迷睡，不自覺知，由隱覆故，名如來藏③，依如來藏故，有生滅心相。

（自此方是第四教，亦同破此已生滅諸相）所謂不生滅真心與生滅妄想和合，非一非異，名為阿賴耶識④。此識有覺不覺二義。

（此下方是第三法相教中，亦同所說）依不覺故⑤，最初動念，名為業相。又不覺此念本無故，轉成能見之識及所見境界相現。又不覺此境從自心妄現，執為定有，名為法執。

始以來，迷睡而不自覺知，由於這個真靈之性，被覆隱住了，故名為如來藏，依此如來藏而有生滅的心相。

（以下這段，是將第四的大乘破相教，會通一乘顯性教，破此之前法相教所說的生滅諸相。〔譯者註：其實是破析《起信論》所說的生滅諸相〕）所謂以不生滅的真心與生滅的妄想心和合，非一亦非異，名為阿賴耶識，此阿賴耶識，有覺與不覺之二義。

（以下這段，是將第三的大乘法相教中會通，亦同所說）依於不覺之故，最初動念，名為業相，又以不覺此念本來無故，轉變而為能見之識及所見之境界相出現了。又不覺此境界相是從自心的妄想所現，而執著以為定有，便名為法執。

此下方是第二小乘教中，亦同所說 執此等故，遂見自他之殊，便成我執⑥。執我相故，貪愛順情諸境，欲以潤我，瞋嫌違情諸境，恐相損惱，愚癡之情展轉增長。

此下方是第一人天教中，亦同所說 故殺盜等，心神⑦乘此惡業，生於地獄鬼畜等中；復有怖此苦者，或性善者，行施戒等，心神乘此善業，運於中陰，入母胎中。

以下這段，是將第二小乘教中會通，亦同所說 由於執此等法故，遂見主觀的自己與客觀的其他，是彼此殊異的，因之而生起了我執。執著自我相故，便對於順情諸境生起貪愛，欲求滋潤自我；並對於違情諸境，生起瞋嫌，唯恐給自我造成損害與困惱。由於這樣的緣故，愚癡的迷情，便持續地增長起來了。

以下的一段，是將第一人天教中會通，亦同所說 由於愚癡之情輾轉增長，便生起殺生偷盜等的心神而造諸惡業，乘此惡業之因，便須接受果報而生於地獄、餓鬼、畜生道中。又有眾生，恐懼墮落三惡道中受苦，或因根性善良之人，便修布施、持戒的善業，彼等心神，乘此善業，運用死後的中陰生，投入母胎中。

（此下方是儒道二教，亦同所說）稟氣受質[8]（會彼所說，以氣為本），氣則頓具四大，漸成諸根；心則頓具四蘊，漸成諸識。十月滿足，生來名人，即我等今者，身心是也。故知身心，各有其本，二類和合，方成一人。天、修羅等，大同於此。

然雖因引業，受得此身，復由滿業[9]故，貴賤、貧富、壽夭、病健、盛衰、苦樂。謂前生敬慢為因，今感貴賤之果；乃

（以下一段，是將儒、道二教會通，亦同所說）儒、道二教，謂以氣為根本，稟受天地之氣，而受人間身的體質（本段是以儒、道二教所說的以氣為本來會通）。由於氣而頓具四大，漸成諸根；由於心而頓具四蘊，漸成諸識。在母胎中十月滿足，出生為人，即是我們的這個身心。由此可知，身與心各有其根本，二類和合，方成為一個人，天人、阿修羅等的身心，也大致與人相同。

然而，雖由於引業而受得此一身心，又由於滿業的原因，出生之後，即有貴賤、貧富、壽夭、病健、盛衰、苦樂等的不同；由於前生時的或敬或慢為因，今世便感得或貴或賤的報應；乃至於前世仁者今生壽、前世殺者今生

至仁壽、殺夭、施富、慳貧，種種別報，不可具述。是以此身，或有無惡自禍，無善自福，不仁而壽，不殺而夭等者，皆是前生滿業已定。故今世不同所作，自然如然，外學者不知前世⑩，但據目覩，唯執自然會彼所說自然為本。

復有前生，少者修善，老而造惡；或少惡老善，故今世少小富貴而樂，老大貧賤而苦；或少貧苦老

夭，前世施者今生富、前世慳者今生貧，類此種種別報，無法一一具述。是以在此一身命的過程中，或有人未作惡而自有禍事發生，或有人未修善而自有幸福降臨，或有人不仁而得長壽，或有人未曾殺生而竟夭亡等現象，皆是由於前生所造滿業已定之故。如果今世的所作所為沒有看到立即因果，應該知道是前世今生，自然而然的關係。外教儒、道二家學者們，不知有前世，但據現世的目覩，唯有執著自然之說了此段是會通道教的自然為本說。

復有人於前生中的年少時期修行善業，老年時期造作惡業，或者有人於前生中的少年時期造作惡業，老年時期修行善業，是故到了今世之中，少小富貴而享樂，老大貧賤而受苦，或

富貴等。故外學者不知，唯執否泰由於時運會彼所說皆由天命。

然所稟之氣，展轉推本，即混一之元氣也；所起之心，展轉窮源，即真一之靈心也。究實言之，心外的無別法，元氣亦從心之所變，屬前轉識所現之境，是阿賴耶相分⑪所攝，從初一念業相，分為心境之二。

心既從細至麁⑫，展轉

者少小貧苦而老來富貴等。因為外教學者不知有前世今生的因果相循，唯執人生之否泰是由於時運此段是會通彼教所說的皆由天命。

然而，彼教的所稟之氣，若輾轉推究其根本，即是混一之元氣也。所起之心，若輾轉窮探其根源，即是真一之靈心也。若推究其實際而言，心外的確沒有別法，彼教所謂的元氣，亦是心之所變現，乃是屬於前述的「轉成能見之識」的轉識，所現之境界相，乃是阿賴耶識的相分所攝，是從最初一念的業相，分為主觀之心及客觀之境而成為二了。

此主觀之心，既是從細至麁，輾轉妄計，乃

妄計，乃至造業（如前敘列）。境亦從微至著，展轉變起，乃至天地（即彼始自太易五重運轉，乃至太極，太極生兩儀。彼說自然大道，如此說真性，其實但是一念能變見分。彼云：元氣，如此一念初動，其實但是境界之相。）

業既成熟，即從父母稟受二氣，與業識和合，成就人身。據此則心識所變之境，乃成二分：一分即與心識和合成人，一分不與心識和合，即成天地、山河、國邑。三才中唯人靈者，由與心神合也。佛說內四大與外四大不同，

至造作了種種之業（如前敘列）。此客觀之境，亦是從微至著，輾轉變起，乃至出現了天地（此天地即是彼教所說的始自太易而經太初、太始、太素、太極的五重運轉，至太極而生天地兩儀。彼教所說的自然大道，有如佛教所說的真性，究其實際，但是一念能變的見分。彼教所說的元氣，則如佛教所說的一念初動，究其實際，但是轉識所現的境界之相。）

當業力成熟之時，即從父母稟受赤、白二氣，以之與業識和合，便成就了人的身命。依據這樣的道理，可知由心識所變現之境界相，乃分成二分，其中一分與心識和合的，即成為人，另一分不與心識和合的，即成為天地、山河、國土。天、地、人的三才之中，唯人是萬物之靈的原因，是由於跟心神相合之故。佛所說的內四大與外四大之不同者，正是這個道理了。可悲可哀的是，寡學之士，異執紛然而不

正是此也。哀哉！寡學異執紛然。

寄語道流：欲成佛者，必須洞明麁細本末，方能棄末歸本，反照心源。麁盡細除，靈性顯現，無法不達，名法報身，應現無窮，名化身佛。

《原人論》終

達真性也。

我希望寄語學道之士：若欲成佛的話，必須洞明心識之麁細，以及五教之本末，方能棄末而歸本，方能反照心之源頭。當在六麁盡而三細除之時，便是靈性顯現，無法不達，即名為法報身佛，又能自然而然地應現無窮，即名為化身佛了。

《原人論》語體譯終

考釋條目

①本末會通　此即是會通本末，先由本會末，再以末通本。此亦即是華嚴的性

起思想，又名為法界緣起觀，性起是由真常的本具佛性，開展出凡聖十界眾生，以及眾生所居的世界環境，然後由於聞法修行的因緣，實證一真法界的真如。

這一章是在節節會通以上所說的五教，乃至儒、道二家，是以第五的一乘顯性教為本，因為是「萬法唯心」所現，是從性顯現。唯心的心，在凡夫是八識虛妄心，在諸佛是真如心，又名真常心；從性顯現的性是佛性，又名如來藏。五教的前四教乃至儒、道二教，雖各有「原人」的理論，站在一乘顯性教的立足點上而言，必須予以節節斥破，目的便是明確地指出，唯有此教所說的真心和真性，才是「原人」的至極之教。

本章所用會通本末的理論架構，及其主要名相，是依《起信論》一心開展二門的如來藏思想。如果是真心或真性，即是不生不滅的真如，以隨順染緣故有生滅。但是前四教中的眾生，猶如酒醉迷睡之人，不自覺知有此真心或真性，於是便由此心生滅門，開展成為前之四教，乃至儒、道二教。

因此，之前的破斥，是由淺入深，是由儒、道二教開端，接下來依次是人天教、小乘教、法相教、破相教，最後以一乘顯性教置於最高層次，並以前四教及儒、道二教為枝末，以一乘顯性教為根本。《原人論》雖將儒、道二教列於佛門的五教之外，然其目標，是要將內外諸教，全部攝歸一真法界的心真如門。因為《大般涅槃經》說，一切眾生悉有佛性，豈能說儒、道二教之人沒有佛性；若對今日世界多元宗教的社會環境而言，此一思想正是最具說服力的，也是最具包容性及適應性的。

到了本章，即依據《起信論》的心生滅門，開展出真妄和合的阿賴耶識（其實作阿梨耶識），又依此識開展出無明業相及境界相，而形成法執及我執，而生起貪、瞋、愚癡等的煩惱心，而造善惡諸業，流轉生死，入胎出胎，來到人間，接受苦樂、貧窮、貴賤、壽夭等報。如能識得心生滅門，原來是與不生不滅的心真如門，不一不二的話，即會發趣道相，修行道品，終極點便是統統還歸一真法界而成佛果了。這便是會末通本，又叫作會通本末。

②**一真靈性**　這是宗密大師自創的名詞，其實即是真性，便是恆常不變易的佛性如來藏，目的是為要會末通本，攬攝最末的儒、道二教，來同歸根本的一乘顯性教。故在《原人論．序》的開頭，便用了儒、道二家的詞語，而云「萬靈」，而云「三才中之最靈」，來稱呼眾生及人；到了〈會通本末〉章中，又有四次用了靈字，除了「一真靈性」，尚有「真一之靈心」、「三才中唯人靈者」，以及最後的「靈性顯現」。《原人論》中，前後一共用了十個靈字，在佛學著作中是很不尋常

的事，以此可見這位論主的用心良苦。

「萬靈」是一切有情眾生，亦即是唯識家譯為「數取趣」的補特迦羅（pudgala），但在漢文化中的儒、道二教稱之為萬靈。人為天、地、人三才中之最靈，通常說是「人為萬物之靈」的思想依據。如來藏系所說的真性及真心，即是佛性及真如心，實不必另加一個靈字在內，為了開引儒、道二教人士來認同佛教，《原人論》便將真心及真性，改稱為「一真靈性」、「真一之靈心」及「靈性」了。

③**如來藏**　此在第四章第五項考釋中，已有論述，唯在此處，乃是直接引用了《起信論》所說：不生不滅是心真如，「依如來藏故，有生滅心」。同時說明，是由於「眾生無始迷睡，不自覺知，由隱覆故，名如來藏」。以此可知，如來藏是真性在纏之名，既是在無明煩惱的隱覆之下，便有種種生滅的心相了。

④**阿賴耶識**　此在第三章第三節大乘法相教第三條已有詳論。若在唯識學派，第八阿賴耶識，雖是種子識，仍舊是虛妄識，要待佛果位上轉成大圓鏡智，始為圓成實性的真如心。但在《起信論》所說的阿梨耶識，是「不生不滅與生滅和合，非一非異」的。此識能夠「攝一切法，生一切法」，故有覺與不覺的二種義。何名為覺？有本覺與始覺二種，本覺者，謂心體離念，即是周遍法界的如來法身；始覺

者，隨修行者之地位高下，分為名字覺、相似覺、隨分覺、究竟覺等四種。何名不覺？有根本不覺與枝末不覺二種，根本不覺者，謂不如實知真如法一故；枝末不覺者，從根本不覺生起了三細相及六麁相。因為阿梨耶識是不生滅與生滅和合，並具有覺與不覺之二義，故名之為真妄和合識，所以不同於唯識學派的第八識。不過，《原人論》自始至終，未用阿梨耶識之名，而皆稱阿賴耶識，相信絕非宗密的筆誤，此舉乃在強調：二名相同，只是顯示唯識學派，見理未徹，故不知此識是依如來藏心而起的真妄和合識。

⑤**依不覺故**　《起信論》原句的連句是：「以依不覺故，心動，說名為業。」（大正三十二，五七七上）由於不覺生三種相，即是無明業相、能見相、境界相。無明業相是指心動；能見相是指依心動故，此心即轉為能見之識；境界相是指依有能見之心識，必有所見的對象，便是妄現的境界。又因為不覺此所見的境界相，原是自心的虛妄所現，而執為實有境界，便成法執。

⑥**我執**　此處的我執，是指六麁中執取相及計名字相，於境界上妄立名相，而不知名相皆假，這是分別我執。又由於執我相故，便對自心所現的順逆諸境，妄起貪、瞋、愚癡，種種煩惱，輾轉增長。《起信論》云：「生滅因緣者，所謂眾生

依心、意、意識轉故。」（大正三十二，五七七中）此處的心，是阿梨耶識中的真心；此處的意，有五種名：業識、轉識、現識、智識、相續識，其中前三識即是唯識學中的第八識，後二識即唯識學中的第六識；此處的意識，即是意的相續識，此識隨事攀緣，分別六塵，亦名分離識，又名分別事識，即是唯識學中的第六意識；《起信論》云：「此（意）識依見愛，煩惱增長義故。」（大正三十二，五七七中）由於我見我愛而使煩惱增長，便是第六意識的功能。佛法雖然言必稱一切眾生，若以此處所論的我執而言，唯局於人，因為只有人，才會具足第六意識通過六根來分別六塵境的能力。人亦依此分別事識而造殺、盜、淫、妄語等惡業，人之「心神」（阿梨耶識）即乘此惡業力，此身死後即下墮三惡道中；若依此分別事識而行布施、持五戒、修十善等善業，人之「心神」（阿梨耶識）即乘此善業力，此身死後通過中陰身的階段，投胎為人。

⑦**心神**　「心神」一詞，在《原人論》的第五章中，用了兩次，在佛教文獻中，則頗為罕見。《原人論》則以此一名詞，代表《起信論》所說之依如來藏心而起的真妄和合識，名為阿梨耶識。

在佛典中，亦有與此「心神」一詞相類似的用語，例如有「心靈」、「心識」、「神識」等詞，亦相當於《八識規矩頌》所說「去後來先作主公」的第八阿賴耶識。

「心識」，在小乘的《俱舍論》，心及識是同體的異名。在大乘的《成唯識論》卷五云：「集起名心，思量名意，了別名識，是三別義。如是三義，雖通八識，而隨勝顯。」則第八名心，第七名意，前六名識。

「心靈」一詞，見用於《大佛頂首楞嚴經》卷一，佛告阿難：「汝之心靈，一切明了。」（大正十九，一〇七上及中）此處佛說阿難尊者的心靈，一切明了，非指頓悟心性的心，而是觀察事物之心，也即是唯識學派的第六意識，《起信論》的分別事識，不是《原人論》的「心神」。

「神識」一詞，見於《增一阿含經》卷七〈火滅品〉的第九經，有梵志問阿那律曰：「何者是吾？何者是我？何者是憍慢結？」阿那律答曰：「吾者是神識也，我者是形體之具也，於中起識，生吾我者，是名為憍慢結也。」（大正二，五八一上）此中的「神識」一名，即是執我的意識，因其靈妙不可思議，故形容之謂神識。亦是指的第六意識而非《原人論》的「心神」。

至於儒、道二教，於此「心神」功能相當相類的用語，則有「靈魂」、「神

魂」、「神氣」、「元氣」、「精氣」、「精神」等。

「靈魂」一詞，是大家熟悉的，在英文裡也有與此詞相當的一個字soul，在生時是生命之主，死亡後則為住在陰間的幽靈。亦有以魂魄並用的，例如《關尹子．四符》有云：「降魄為賤，靈魂為賢。」這是承認在人的物質之身以外，尚有一個精神體，稱為靈魂；物質的肉身是會隨著死亡而消失的，靈魂則是永遠存在的，此即類同於印度的常見外道。

「神魂」是靈魂的同義詞，例如韓愈在〈岳陽樓別竇司直〉詩有「滌濯神魂醒，幽懷舒以暢」之句；另，邵雍在〈漁樵對問〉中有「氣行則神魂交，形返則精魄存，神魂行於天，精魄返於地」之句。其實這是以天、地、人三才所稟的元氣，分別給予不同的名詞，元氣與神魂相交則為人，元氣歸於天為神魂，元氣返於地為精魄。其間並無造業受報，入胎出胎的一個精神主體，頗有類似印度的自然外道。

「神氣」是金、木、水、火、土等五行的精氣，是生成萬物的靈妙力用。又是神仙本元的靈氣，例如《莊子．田子方》有云：「夫至人者上闚青天，下潛黃泉，揮斥八極（方位），神氣不變。」其中並沒有佛教所說神識的意涵。

「元氣」，即是《原人論．序》中所說的「混沌一氣」，又名為玄氣，是萬物之根本，是天地之氣，也是人之精氣，身心之勢力。其中亦無佛教所說心識或心靈的意思。

「精氣」也即是元氣的異名，是天地萬物之根元，例如《大戴禮記・曾子天圓》有云：「陽之精氣曰神，陰之精氣曰靈；神靈者，品物之本也，而禮樂仁義之祖也，而善否治亂所由興作也。」以陽陰釋精氣，陽則為神、陰則為靈，陰陽互動而萬物生，陰陽和諧則為仁義禮樂，陰陽交會則有善與不善、治世與亂世之狀況產生了。精氣究竟是什麼物？它是無以名狀的，乃是出於中國哲學家們的思想，就像是有神論的各宗教一樣，為要尋求宇宙人生之起源的答案，一神、二神、多神、泛神的信仰便出現了。

「精神」有多重意思，它是宗教、倫理、文學、哲學、藝術等的人文修養；它是心力、氣力、氣色、理念、主義的異名；它也是靈魂、精靈、精氣、元氣等的同義詞。

總之，儒、道二教等世間學問的觀念之中，不論是用什麼詞彙，都不可能具有佛教所說佛性如來藏的內涵。為了使之會通而攝歸一乘，所以論主用了一個本末兼顧的名詞，稱為「心神」。

⑧**稟氣受質**　此處的「氣」字，即是前項考釋中所介紹的神氣、精氣、玄氣、元氣、混沌一氣，即是宇宙人生之本元。此處的「質」字，即是由一氣而化成了天地萬物的實體，是儒家的陰陽、五行，是道家的青天（陽間）、黃泉（陰間）、八方極遠之地（人間）。

《原人論》便將此稟氣受質之說，會通佛教主張由地、水、火、風的四大，而形成人之六根，便是色身，亦名色蘊；加上精神體的心識，共有四項功能，稱為受、想、行、識的四蘊。合名為色、心二法，又名為五蘊假合的我身，即是人類的身心。可知，我人的身心，本由色、心二法和合而成，並非如儒、道二家所說的那樣，是由於「稟氣受質」而成的。

⑨**引業、滿業**　這是為了呼應本書第二章所舉儒、道二教主張「人畜等類」，以及「皆稟於天，由於時命」的錯謬，而指出人畜不同之所以為人畜不同的正確原因，人間之所以有愚智、貴賤、貧富、苦樂、良莠、壽夭、賢不肖之實際原因，乃是由於眾生（人）的造業受報、因果循環。

這是通過過去、現在、未來的三世十二因緣，施設的業感緣起論，乃是最基礎的佛學常識。依造業的輕與重，造業的善惡種類，造業的主要與次要，分為共業及別業，引業及滿業。

共業是許多眾生（人），在相同或不同的時空，造了共同類似的善業或惡業，便會在另一時空，接受共同的果報。所以我們要說，地球世界，是由許多要生到地球上來的眾生，在過去不同或相同的時空，所造的共業所感。生在地球上不同時空的眾生（人），也有各別不同的遭遇，乃是共業中的別業所感。在地球上同一時空的人，有相同的遭遇，乃是由於過去所造別業中的共業所感。

所謂「引業」，是先世造了決定性的善業或惡業，今世或生於人間天上、或墮於三途惡道。例如今世持五戒，行十善，上品者來世生天，下品者來世為人；今世若造十惡，上品地獄報、中品餓鬼報、下品畜生報；若造五逆罪，必遭地獄報。所以《原人論》說：「因引業，受得此身。」也就是說，不論是得生為人，或得生天上，或下墮三惡道中，均繫於五戒十善或十惡五逆之決定業，故稱為引業。

所謂「滿業」，是指次要的輕業，例如《原人論》所說：「謂前生敬慢為因，今感貴賤之果；乃至仁（者）壽、殺（者）夭、施（者）富、慳（者）貧，種種別報。」對此滿業所感的別報而言，引業所感的則名為總報。

由於前世所造的引、滿二業，感受到今世的總、別二報，便是非常合理的自作自受，便是公平的因果觀念。遇到左右逢源的順境之時，除了感謝自己是在過去世種了福，應該以感恩圖報的心態，修更多的福，行更多的善之外，不會有「得天獨厚」而自以為是天之驕子的憍慢心；遇到很不公平的逆境之時，只有面對它、接受它、處理它、放下它，不致有責怪「老天不長眼睛」的怨氣怒氣。因為這些都是由於自己在過去世以及現在世，造作了的滿業所感啊！

有關引業及滿業的理論依據，即是三世因果觀，即是十二因緣觀。詳細分析論述的，則有《大毘婆沙論》卷十九、卷一百十四、卷一百七十七，及《俱舍論》卷十七、《大乘阿毘達磨雜集論》卷七、《成唯識論》卷二等處，可資參考。

⑩**前世**　《原人論》於這段文字中，先說「外學者不知前世」，接著又說「復有前生」，其實，前世或前生，都是指的今世現生之過去式。這是佛教獨特的生命觀，以佛的智慧及神通力，不僅思考到眾生的生命，必定是從無始以來就有的，也觀察到眾生的生命，是在綿續不斷的長流之中，浮沉起落，永無止境，於是有了三世十二因緣的業感緣起論。

因此，佛教所謂的三世，是每一生都有過、現、未的三世。此生有過去、現在、未來的三世，前生也有三世，再前生亦有三世，上溯可以推展至無窮的三世，後續的三世，也可推衍至無窮的三世。若不學佛修道而從生死得解脫，三世因果的生命主體，既是無始的，亦是無終的。若能出離生死，此一造業受報的生命主體，便成無始而有終，它的終極是佛果的圓滿成就，稱為不生不滅的大般涅槃。如果不出生死，每一生都在造作引業和滿業，引業受總報，滿業受別報。生於天上、人間、地獄、餓鬼、以及異類旁生，都是由於引業，人的一生禍福、壽夭、貧富、病健等，都是由於滿業。

這樣的生命觀，便是合理而公平的，可惜佛教以外的其他各家哲學、各派宗教，都未發現，也不相信。倘若能夠接受了這樣的三世因果觀，便是佛法中的人天教層次。否則，就只好永遠在「時運」及「天命」的迷思中兜圈圈了。

⑪**阿賴耶相分** 這是唯識學中的用語，有關第八阿賴耶識，根據護法論師的觀點，依其功能，共有由外而內的四分，即是相分、見分、自證分、證自證分（已於第三章第三節大乘法相教的考釋第四條目中，論及此四分，可參看）。

所謂「相分」，是本識阿賴耶的現行及種子，存於本識內部的是種子，表現於本識之外的為現行；現行即是本識變現的根身及器界，即所謂依、正二報。此本識的相分，通於前五識的性境相分及第六意識的三種相分：一、五俱意識性境相分，

二、散心意識帶質境相分，三、定心意識性境相分。

其實，本識的阿賴耶相分，即是包括了吾人的身心以及所處的山河大地、所見的宇宙萬象，所以要說「萬法唯識」所現。這是佛教以外的諸派宗教和各家哲學所未知的。宗密於此引用阿賴耶識的相分之說，目的有二：一、誘導儒、道等各家學者，認知人身之本源，乃至宇宙之根本，所謂「混一之元氣」，都是阿賴耶識之變現；二、說服唯識學派的學者，認同《起信論》所說的阿梨耶識，是真妄和合識，促使彼等由「萬法唯識」觀，會同於「三界唯心」觀，因為唯識的第八阿賴耶識，仍屬於虛妄，《起信論》的阿梨耶識是真妄和合，是出於隨染緣的真如心，名為如來藏。

至於阿賴耶識的另外三分，各有什麼功能？請參閱拙著《探索識界——八識規矩頌講記》頁六十六及六十七。

⑫**從細至麁**　此為《大乘起信論》的生命哲學，是依真妄和合的阿梨耶識，發展成為十二緣起的三世流轉。《起信論》云：「依不覺故，生三種相，與彼不覺，相應不離。」（大正三十二，五七七上）所謂三種相，即是無明業相、能見相、境界相，因其恆與不覺的阿梨耶識相應不離而同時存在，雖有次第，卻混然不夠明

晰，微細難知，故稱為三種細相。《起信論》又云：「以有境界緣故，復生六種相。」（大正三十二，五七七上）三細中的境界與心，雖有所緣及能緣的關係，但是尚不明了，待到心與境界已明了相對之時，即是麁相，有六次第，即是智相、相續相、執取相、計名字相、起業相和業繫苦相。

此三細六麁與心識、與十二緣起的關係如何，現參考印順長老的《起信論講記》之說，大略介紹如下。

先說三細相：

（一）無明業相：相當於十二緣起的「無明」及「行」；無明是不覺的如來藏心，行是心動而造作的業。此在唯識學中，即是阿賴耶識的自證分。

（二）能見相：即是十二緣起的「識」，「能見」是心識能有了知的功能之時，即名能見。在唯識學中，即是阿賴耶識的見分；屬於能分別的。

（三）境界相：此是十二緣起中的「名色」及「六入」。在唯識學中，即是阿賴耶識的相分；屬於所分別的。「名」是人的精神（心識）部分，「色」是人的物質（肉體）部分，其實就是五蘊和合而成的假我。

次說六麁相：

（一）智相：《起信論》云：「依於境界，心起分別，愛與不愛故。」即是依第三細的境界相，意識生起愛與不愛的分別心，名為智相，此智是心的分別作用，不是般若智。於十二緣起中，與可意不可意的「觸」相當。

（二）相續相：《起信論》云：「依於智（相）故，生其苦樂，覺心起念，相應不斷故。」此相是依分別心的智相而有，由於先有愛與不愛的心理反應，接著便有苦及樂的感受。此於十二緣起中，即是觸緣「受」了。苦樂或有變化，其受則持續不斷。

（三）執取相：《起信論》云：「依於相續，緣念境界，住持苦樂，心起著故。」此相是依相續相，對六識所緣的境界，妄想執取，由於苦受樂受，是持續不斷的，妄想的執著心，在時間上也是延續堅持的。此是十二緣起的受緣「愛」了。因為執著有苦受有樂受，所以認為有實在的苦受、樂受，厭苦欣樂而貪戀樂受，渴望著永保樂受，故名為「愛」。

（四）計名字相：《起信論》云：「依於妄執，分別假名言相故。」這是第六意識，對於不同的境界，給予語言上各種不同的名字，形成內心的符號記憶，及一項一項的概念，竟會不知這些都是人為的假名，反而把假名認作是實法。例如

「我」字亦是假名，而人們都以此假名，妄執為有一個實在的我了。此在十二緣起中，相當於愛緣「取」了。

（五）起業相：《起信論》云：「依於名字，尋名取著，造種種業故。」此在十二緣起中，即是取緣「有」。由於心境相對而妄執我及我所，便造種種善惡諸業，有了業力，熏成八識的種子，便有了再來接受苦樂果報的業因了。

（六）業繫苦相：《起信論》云：「以依業受果，不自在故。」這是十二緣起中的有緣「生」及生緣「老死」。既然造作了種種善惡諸業，那便是再度接受種種苦樂果報之原因，於是會接受另一次出生，以及另一次的老死。如此輾轉生死，造業受報，頭出頭沒，不得（解脫）自在了。

從以上的內容看來，《起信論》建立的三細六麁說，是結合了小乘教的十二緣起以及法相教的唯識觀而完成的，組織相當嚴密。至於《原人論》會引用此說，是為了兩個目的：一、是旨在會末通本，使得儒、道二教、人天教、小乘教、法相教、破相教，全部會通一乘顯性教，即是通向「真一之靈心」，即是回歸佛性如來藏心。二、是旨在期勉一切修學佛道之人，都能夠洞明妄心之麁細，同時修行道品，而反還真心，得見真性。所以在《原人論》的結尾時說「麁盡細除」之後，便

是「靈性顯現，無法不達，名法報身，應現無窮，名化身佛」了。這也就是論主造論的兩大宗旨。（考釋終）

附錄

附錄一

《原人論》

終南山草堂寺沙門宗密述

第一章 序

萬靈蠢蠢，皆有其本，萬物芸芸，各歸其根，未有無根本而有枝末者也。況三才中之最靈而無本源乎？且「知人者智，自知者明」。今我稟得人身而不自知所從來，曷能知他世所趣乎？曷能知天下古今之人事乎？故數十年中，學無常師，博攷內外，以原自身，原之不已，果得其本。

然今習儒道者，秖知近則乃祖乃父，傳體相續，受得此身，遠則混沌一氣，剖為陰陽之二，二生天地人三，三生萬物，萬物與人皆氣為本。習佛法者，但云：近則前生造業，隨業受報，得此人身，遠則業又從惑，展轉乃至阿賴耶識為身根本。皆謂已窮，而實未也。然孔、老、釋迦，皆是至聖，隨時應物，設教殊塗，內外相資，共利群庶，策勤萬行。明因果始終，推究萬法，彰生起本末，雖皆聖意，而有實有權。二教唯權，佛兼權實。策萬行，懲惡勸善，同歸於治，則三教皆可遵行；推萬法，窮理盡性，至於本源，則佛教方為決了。

然當今學士，各執一宗，就師佛者，仍迷實義，故於天地人物，不能原之至源。余今還依內外教理，推窮萬法，初從淺至深。於習權教者，斥滯令通而極其本，後依了教，顯示展轉生起之義，會偏令圓，而至於末（末即天地人物）。文有四篇，名原人也。

《原人論》序（終）

第二章　斥迷執——評析習儒道者

儒道二教說，人畜等類，皆是虛無大道生成養育。謂道法自然，生於元氣，元氣生天地，天地生萬物。故愚智、貴賤、貧富、苦樂，皆稟於天，由於時命。故死後卻歸天地，復其虛無。

然外教宗旨，但在乎依身立行，不在究竟身之元由，所說萬物，不論象外；雖指大道為本，而不備明順逆、起滅、染淨因緣。故習者不知是權，執之為了。今略舉而詰之。

所言萬物皆從虛無大道而生者，大道即是生死賢愚之本，吉凶禍福之基，基本既其常存，則禍亂凶愚，不可除也，福慶賢善，不可益也，何用老莊之教耶？又道育虎狼，胎桀紂，夭顏冉，禍夷齊，何名尊乎？

又言萬物皆是自然生化，非因緣者，則一切無因緣處，悉應生化，謂石應生草，草或生人，人生畜等。又應生無前後，起無早晚，神仙不藉丹藥，太平不藉賢良，仁義不藉教習，老、莊、周、孔，何用立教為軌則乎？

又言皆從元氣而生成者，則歘生之神，未曾習慮，豈得嬰孩便能愛惡驕恣焉？若言歘有自然，便能隨念愛惡等者，則五德六藝，悉能隨念而解，何待因緣學習而成？

又若生是稟氣而歘有，死是氣散而歘無，則誰為鬼神乎？且世有鑒達前生、追憶往事，則知生前相續，非稟氣而歘有。

文。又驗鬼神，靈知不斷，則知死後，非氣散而欻無，故祭祀求禱，典藉有

文。況死而蘇者，說幽途事，或死後感動妻子，讎報怨恩，今古皆有耶。

外難曰：若人死為鬼，則古來之鬼，填塞巷路，合有見者，如何不爾？

答曰：人死六道，不必皆為鬼，鬼死復為人等，豈古來積鬼常存耶？且天地之氣，本無知也，人稟無知之氣，安得欻起而有知乎？草木亦皆稟氣，何不知乎？

又言貧富、貴賤、賢愚、善惡、吉凶、禍福，皆由天命者，則天之賦命，奚有貧多富少、賤多貴少、乃至禍多福少？苟多少之分在天，天何不平乎？況有無行而貴、守行而賤、無德而富、有德而貧，逆吉、義凶、仁夭、暴壽，乃至有道者喪、無道者興。既皆由天，天乃興不道而喪道，何有福善益謙之賞、禍淫害盈之罰焉？又既禍亂反逆，皆由天命，則聖人設教，責人不責天，罪物不罪命，是不當也。然則《詩》刺亂政、《書》讚王道、《禮》稱安上、《樂》號移風，豈是奉上天之意、順造化之心乎？是知專此教者，未能原人。

第三章 斥偏淺——評析習佛不了義教者

佛教自淺之深，略有五等：一人天教，二小乘教，三大乘法相教，四大乘破相教（上四在此篇中）。五一乘顯性教（此一在第三篇中）。

第一節 人天教

一、佛為初心人，且說三世業報善惡因果。謂造上品十惡，死墮地獄，中品餓鬼，下品畜生。故佛且類世五常之教（天竺世教儀式雖殊，懲惡勸善無別，亦不離仁義等五常，而有德行可修例。如此國斂手而舉，吐番散手而垂，皆為禮也），令持五戒（不殺是仁，不盜是義，不邪淫是禮，不妄語是信，不飲噉酒肉，神氣清潔，益於智也），得免三途，生人道中。修上品十善及施戒等，生六欲天。修四禪八定，生色界、無色界天（題中不標天鬼地獄者，界地不同，見聞不及。凡俗尚不知末，況肯窮本，故對俗教，且標原人。今敘佛經理，宜具列）。故名人天教也（然業有三種：一惡、二善、三不動。報有三時：謂現報、生報、後報）。據此教中，業為身本。

今詰之曰：既由造業，受五道身，未審誰人造業？誰人受報？若此眼、耳、手、足，能造業者，初死之人，眼、耳、手、足宛然，何不見聞造作？

若言心作，何者是心？若言肉心，肉心有質，繫於身內，如何速入眼耳，辨外是非？是非不知，因何取捨？且心與眼、耳、手、足，俱為質閡，豈得內外相通，運動應接，同造業緣？若言但是喜怒愛惡，發動身口，令造業者，喜怒等情，乍起乍滅，自無其體，將何為主而作業耶？設言不應，如此別別推尋，都是我此身心，能造業者，此身已死，誰受苦樂之報？若言死後更有身者，豈有今日身心，造罪修福，令他後世身心，受苦受樂？據此則修福者屈甚，造罪者幸甚，如何神理如此無道？故知但習此教者，雖信業緣，不達身本。

第二節　小乘教

二、小乘教者，說形骸之色，思慮之心，從無始來，因緣力故，念念生滅，相續無窮，如水涓涓，如燈焰焰，身心假合，似一似常。凡愚不覺，執之為我，寶此我故，即起貪（貪名利以榮我）、瞋（瞋違情境恐侵害我）、癡（非理計校）等三毒。三毒擊意，發動身口，造一切業。業成難逃，故受五道苦樂等身（別業所感）、三界勝劣等處（共業所感）。

於所受身，還執為我，還起貪等，造業受報。身則生老病死，死而復生；界則成住壞空，空而復成從空劫初成世界者，頌曰：空界大風起，傍廣數無量，厚十六洛叉，金剛不能壞。此名持界風，光音金藏雲，布及三千界，雨如車軸下，風遏不聽流，深十一洛叉。始作金剛界，次第金藏雲，注雨滿其內，先成梵王界，乃至夜摩天。風鼓清水成，須彌七金等，滓濁為山地，四洲及泥犁，鹹海外輪圍，方名器界立，時經一增減，乃至二禪福。盡下生人間，初食地餅林藤，後粳米不銷。大小便利，男女形別，分田立主求臣佐，種種差別。經十九增減，兼前總二十增減，名為成劫。議曰：空界劫中，是道教指云虛無之道，然道體寂照靈通，不是虛無。老氏或迷之或權設，務絕人欲，故指空界為道。空界中大風，即彼混沌一氣，故彼云「道生一」也。金藏雲者，氣形之始，即太極也。雨下不流，陰氣凝也。陰陽相合，方能生成矣。梵王界乃至須彌者，彼之天也，滓濁者地，即「一生二」矣。二禪福盡下生，即人也。即「二生三」，三才備矣。地餅已下，乃至種種，即「三生萬物」。此當三皇已前，穴居野食，未有火化等。但以其時無文字記載故，後人傳聞不明，展轉錯謬。諸家著作種種異說，佛教又緣通明三千世界，不局大唐。故內外教文不全同也。住者住劫，亦經二十增減。壞者壞劫，亦二十增減；前十九增減，壞有情，後一增減壞器界，能壞是火水風等三災。空者空劫，亦二十增減中，空無世界，及諸有情也。劫劫生生，輪迴不絕。無終無始，如汲井輪道教只知，今此世界未成時，一度空劫，云虛無、混沌、一氣等，名為元始。不知空界已前，早經千千萬萬遍成住壞空，終而復始。故知佛教法中，小乘淺淺之教，已超外典深深之說。

都由不了此身，本不是我。不是我者，謂此身本，因色心和合為相。今推尋分析，色有地水火風之四大，心有受能領納好惡之事、想能取像者、行能造作者念念遷流、識能了別者之四蘊。若皆是我，即成八我，況地大中復有眾多，謂三百六十段骨，一一各別。皮毛筋肉肝心脾腎，各不相是。諸心數等，亦各不同。見不是聞，喜不是怒，展轉乃至八萬四千塵勞。既有此眾多之物，不知定取何者為我？若皆是我，我即百千，一身之中，多主紛亂。離此之外，復無別法，翻覆推我，皆不可得。

便悟此身，但是眾緣，似和合相，元無我人。為誰貪瞋？為誰殺盜施戒知苦諦也？遂不滯心於三界有漏善惡斷集諦也。但修無我觀智道諦，以斷貪等，止息諸業，證得我空真如滅諦，乃至得阿羅漢果，灰身滅智，方斷諸苦。據此宗中，以色心二法及貪瞋癡，為根身、器界之本也。過去未來，更無別法為本。

今詰之曰：夫經生累世，為身本者，自體須無間斷，今五識闕緣不起根境等為緣，意識有時不行悶絕、睡眠、滅盡定、無想定、無想天，無色界天無此四大，如何持得此身，世世不絕？是知專此教者，亦未原身。

第三節　大乘法相教

三、大乘法相教者，說一切有情，無始已來，法爾有八種識，於中第八阿賴耶識，是其根本。頓變根身、器界、種子，轉生七識，皆能變現，自分所緣，都無實法。如何變耶？謂我法分別，熏習力故。諸識生時，變似我法。第六七識，無明覆故，緣此執為實我實法。如患重病心惛，見異色人物也、夢夢想所見可知者，患夢力故，心似種種外境相現，夢時執為實有外物，寤來方知唯夢所變。我身亦爾，唯識所變，迷故執有我及諸境，由此起惑造業，生死無窮廣如前說。悟解此理，方知我身唯識所變，識為身本（不了之義，如後所破）。

第四節 大乘破相教

四、大乘破相教者，破前大小乘法相之執，密顯後真性空寂之理（破相之談，不唯諸部般若，遍在大乘經。前之三教，依次先後，此教隨執即破，無定時節。故龍樹立二種般若：一共，二不共。共者，二乘同聞信解，破二乘法執故；不共者，唯菩薩解，密顯佛性故。故天竺戒賢、智光二論師，各立三時教，指此空教，或云在唯識法相之前，或云在後，今意取後。）

將欲破之，先詰之曰：所變之境既妄，能變之識豈真？若言一有一無者（此下卻將彼喻破之），則夢想與所見物應異，異則夢不是物，物不是夢，寤來夢滅，其物應在。又物若非夢，應是真物，夢若非物，以何為相？故知夢時則夢想夢物，似能見所見之殊，據理則同一虛妄，都無所有。諸識亦爾，以皆假託眾緣，無自性故。故《中觀論》云：「未曾有一法，不從因緣生，是故一切法，無不是空者。」又云：「因緣所生法，我說即是空。」《起信論》云：「一切諸法，唯依妄念而有差別，若離心念，即無一切境界之相。」經云：「凡所有相，皆是虛妄，離一切相，即名諸佛。」（如此等文，遍大乘藏）是知心境皆空，方是大乘實理。若約此原身，身元是空，空即是本。

今復詰此教曰：若心境皆無，知無者誰？又若都無實法，依何現諸虛妄？且現見世間虛妄之物，未有不依實法而能起者。如無濕性不變之水，何有虛妄假相之波？若無淨明不變之境，何有種種虛假之影？又前說夢想夢境，同虛妄者，誠如所言。然此虛妄之夢，必依睡眠之人。今既心境皆空，未審依何妄現？故知此教，但破執情，亦未明顯真靈之性。故《（大）法鼓經》云：「一切空經，是有餘說有餘者餘義未了也。」《大品經》云：「空是大乘之初門。」

上之四教，展轉相望，前淺後深，若且習之自知未了，名之為淺；若執為了，即名為偏。故就習人，云偏淺也。

第四章　直顯真源——佛了義實教

五、一乘顯性教者，說一切有情，皆有本覺真心，無始以來，常住清淨，昭昭不昧，了了常知。亦名佛性，亦名如來藏。從無始際，妄想翳之，不自覺知。但認凡質故，耽著結業，受生死苦。大覺愍之，說一切皆空；又開示，靈覺真心，清淨全同諸佛。

故《華嚴經》云：「佛子！無一眾生而不具有如來智慧，但以妄想執著而不證得，若離妄想，一切智、自然智、無礙智，即得現前。」便舉一塵含大千經卷之喻，塵況眾生，經況佛智。次後又云：「爾時如來普觀法界一切眾生，而作是言：奇哉！奇哉！此諸眾生，云何具有如來智慧迷惑不見？我當教以聖道，令其永離妄想，自於身中，得見如來廣大智慧，與佛無異。」

評曰：我等多劫，未遇真宗，不解返自原身，但執虛妄之相，甘認凡下，或畜或人。今約至教原之，方覺本來是佛。故須行依佛行，心契佛心，返本還源，斷除凡習，損之又損，以至無為，自然應用恆沙，名之曰佛。當知迷悟同一真心，大哉妙門，原人至此（然佛說前五教，或漸或頓。若有中下之機，則從淺至深，漸漸誘接，先說初教，令離惡住善；次說二三，令離染住淨；後說四五，破相顯性，會權歸實，依實教修，乃至成佛；若上上根智，則從本至末，謂初便依第五，頓指一真心體，心體既顯，自覺一切皆是虛妄，本來空寂，但以迷故，託真而起，須以悟真之智，斷惡修善，修善息妄歸真，妄盡真圓，是名法身佛。）

第五章 會通本末——會前所斥，同歸一源，皆為正義

真性雖為身本，生起蓋有因由，不可無端忽成身相。但緣前宗未了，所

以節節斥之。今將本末會通，乃至儒道亦是。

（初唯第五性教所說，從後段已去，節級方同諸教，各如注說）謂初唯一真靈性，不生不滅，不增不減，不變不易，眾生無始迷睡，不自覺知，由隱覆故，名如來藏，依如來藏故，有生滅心相。

（自此方是第四教，亦同破此已生滅諸相）所謂不生滅真心與生滅妄想和合，非一非異，名為阿賴耶識。此識有覺不覺二義。

（此下方是第三法相教中，亦同所說）依不覺故，最初動念，名為業相。又不覺此念本無故，轉成能見之識及所見境界相現。又不覺此境從自心妄現，執為定有，名為法執。

（此下方是第二小乘教中，亦同所說）執此等故，遂見自他之殊，便成我執。執我相故，貪愛順情諸境，欲以潤我，瞋嫌違情諸境，恐相損惱，愚癡之情展轉增長。

（此下方是第一人天教中，亦同所說）故殺盜等，心神乘此惡業，生於地獄鬼畜等中；復有怖此苦者，或性善者，行施戒等，心神乘此善業，運於中陰，入母胎中。

（此下方是儒道二教，亦同所說）稟氣受質（會彼所說，以氣為本），氣則頓具四大，漸成諸根；心則頓具四蘊，漸成諸識。十月滿足，生來名人，即我等今者，身心是也。故知身心，各有其本，二類和合，方成一人。天、修羅等，大同於此。

然雖因引業，受得此身，復由滿業故，貴賤、貧富、壽夭、病健、盛衰、苦樂。謂前生敬慢為因，今感貴賤之果；乃至仁壽、殺夭、施富、慳貧，種種別報，不可具述。是以此身，或有無惡自禍，無善自福，不仁而壽，不殺而夭等者，皆是前生滿業已定。故今世不同所作，自然如然，外學者不知前世，但據目覩，唯執自然（會彼所說自然為本）。

復有前生，少者修善，老而造惡；或少惡老善，故今世少小富貴而樂，老大貧賤而苦；或少貧苦老富貴等。故外學者不知，唯執否泰由於時運（會彼所說皆由天命）。

然所稟之氣，展轉推本，即混一之元氣也；所起之心，展轉窮源，即真一之靈心也。究實言之，心外的無別法，元氣亦從心之所變，屬前轉識所現之境，是阿賴耶相分所攝，從初一念業相，分為心境之二。

心既從細至麁，展轉妄計，乃至造業（如前敘列）。境亦從微至著，展轉變起，乃至天地（即彼始自太易五重運轉，乃至太極，太極生兩儀。彼說自然大道，如此說真性，其實但是一念能變見分。彼云：元氣，如此一念初動，其實但是境界之相）。

業既成熟，即從父母稟受二氣，與業識和合，成就人身。據此則心識所變之境，乃成二分：一分即與心識和合成人，一分不與心識和合，即成天地、山河、國邑。三才中唯人靈者，由與心神合也。佛說內四大與外四大不同，正是此也。哀哉！寡學異執紛然。

寄語道流：欲成佛者，必須洞明麁細本末，方能棄末歸本，反照心源。麁盡細除，靈性顯現，無法不達，名法報身，應現無窮，名化身佛。

《原人論》終

附錄二

《原人論》語體譯

終南山草堂寺沙門宗密述
法鼓山沙門聖嚴語體譯註

第一章 序

宇宙間的一切生命，皆有其各自的根本源頭，一切萬物，必可各各找回其根本。好像樹木一樣，不可能只有枝葉而沒有其所依靠的樹幹及樹根的。何況在天、地、人的三才之中，人為萬物之最靈，豈會沒有根本的源頭呢？而且有說：「知人者智，自知者明。」如今我宗密得了萬物之靈的人身，若不能自知從何而來，怎麼又能知道此身死後會往何處去呢！又豈能知道普天之下、古往今來的種種人和種種事呢！

因此，我於數十年中間，遍學遍究而師事了許多學派，廣研博考了內外典籍，就是為了探究我自身的根本源頭這樁大事。經過長時間的探究結果，終於讓我找到了我的根本源頭。

然而，如今的儒家及道家的學者們，對於近的源頭，僅僅知道是由他們的祖宗、他們的父母，代代相傳而給了他們此一身體；對於久遠的源頭，僅僅知道是由混沌一氣，分剖為陰、陽之二氣，然後則由二氣而生出天、地、人之三才，再由三才而生萬物，故認為萬物與人類的根本，都源於氣。

至於一般修學佛法的人士，只說近的源頭是由於前生造業，今生隨業受報，而得此人身；遠的源頭，則推究此業的發生，是從煩惱的惑，輾轉乃至以阿賴耶識為身的根本源頭。

以上的儒、道二家及佛教學者，都說他們已經究本窮源地找到了人的根本源頭，其實則沒有。然而，孔子、老子、釋迦，皆是至極的聖人，只是為了因應各種不同時代環境和各人的根器，而做出因時制宜、因人制宜的教化設施。或內或外、相輔相成，都是為了利益眾生，策勵修行一切善行，明瞭善惡因果，知道人之本源始終，以之推敲探究宇宙萬象，以明萬物生起的根本和枝末。唯此孔、老、釋的三教，雖皆出於聖人之意，卻是有的屬於權巧，有的屬於真實。儒家及道家，僅是權巧之說，釋家則兼權兼實。若就策勵萬行、懲惡勸善而同歸於治世之道而言，則儒、道、釋三教皆可遵行，若為推究萬法、窮其理、盡其性、而至於最極之根本源頭者，那就唯有佛教才能解決了。

然而，當今之世，學者之間，每每各執一宗一派之見，甚至以佛為師之士，仍舊迷失佛教的真實義理，故對於天、地、人、物，不能探究出其至極之根本源頭。我現在還是依據內典外籍之教理，推究窮研宇宙萬法。初步則從淺顯而入深奧，對於那些學習權巧之教的人士，斥其滯塞、令其通達，窮極其根本源頭。而後依了義的實大乘，說一乘顯性教，以明宇宙萬有，皆是由一心真如，次第生起的。以之會合偏淺的儒、道、釋三家之見，使之成為圓滿融通的實大乘教，而至於天地人物之末，無所不收（末即天地人物）。本文計有四篇，名為「原人」。

《原人論》序（終）。

第一章　斥迷執——評析習儒道者

依據儒教及道教之說，人與畜生是相等類的，因為都是從虛無大道生成、養育的。所以主張道是仿效自然而出生元氣，由元氣而生天地，由天地而生萬物。因此，不論人之愚或智、貴或賤、貧或富、苦或樂，皆稟受於天，皆由於天時也、天命也。所以人在死後，回歸於天地，復還其虛無。

像這樣的外教宗旨，乃在乎修身齊家之行為，不在於探究此人身之根本，其所說的宇宙萬象，不會討論其象外之根源；雖然指出，萬物皆以大道為其根本，卻未具體說明其順逆、起滅、染淨之因緣。所以習於儒、道二家的人士，不能自知是權巧之說而執著以為是究極之教。故今略舉數語要點，來論判儒、道二教。

若如所說，宇宙萬物，真的皆是從虛無的大道而生者，那麼，虛無的大道，即是人之生死及人之賢愚的根本了，也是人之吉凶、人之禍福的根基了。若然，則人之基本的虛無大道既是常存常在的，人之禍亂、人之凶愚，當亦永遠不可消除了，因此，成了福慶不可求，賢善無所益，那還用得著老莊之教嗎？再者，總不能說，虛無之大道，也養育了虎狼等猛獸、孕育了桀紂等暴君、夭折了孔門的賢者顏回及冉耕、降禍給了歷史上的大賢人伯夷和叔齊兩兄弟吧？如果真的是這樣，又如何能被名為至尊的大道呢？

又如果說，宇宙萬物，皆是從自然之所生養、之所化育，不是從因緣聚合而生的話，那麼一切無因無緣之處，皆應有生養及化育的功能了。例如石應該能生草了，草應該能生人了，人應該能生畜類等等了。並且應該出生沒有先後了，生起也沒有早晚了，道士不用假藉金丹妙藥就可以成為神仙了，不需賢良之士國家就能太平無事了，不必教育的培養人就知道仁義的德目了。果真是如此的話，又有誰還需要老子、莊子、周公、孔子等人，提倡修身齊家之教，宣揚治國平天下之理，以做為共同遵守的規則呢？

又如果說，宇宙萬物，皆是從元氣之所生育、之所成長的話，人在初出生時的赤子之心，尚在未經學習如何思慮的嬰兒狀態，怎麼就已有了貪愛、厭惡、驕縱、恣意的心理現象呢？如果說初出生時的嬰兒心靈，自然便能有隨念而起的貪愛及厭惡等的心理功能者，那麼以之類推，有關仁、義、禮、智、信的五德，以及禮、樂、射、御、書、數的六藝，也必能夠隨念而解，又豈用得著學習的因緣才可成就呢？

又如果說，人之出生，是稟承元氣，忽然而有，人之死亡，是因元氣散失，忽然而無，那麼，或鬼或神，到底又是什麼呢？事實上，我們這個人世間，的確有能夠明鑑前生而追憶往事的人士。以此證知，人之出生，乃由於生前的相續而來，並不是稟承元氣，忽然而有的。

又可以鬼神的靈知不斷，做為驗證，便知道人之死後，並不是由於元氣散失，便忽然而無。因此，古聖先賢才會祭祀鬼神，並向鬼神祈求祝禱，在《禮記》及《書經》等的古籍中，乃有明文記載。況且也有人死而復活，述說幽冥界事；或者有人於死亡之後，顯靈託夢，感動妻兒眷屬，要求代為酬恩報怨，亦是古今皆有之事。

當然，外教的人士，可以反駁我說：如果真的是人死為鬼，那麼自古以來的鬼，數量之多，填巷塞路，豈不是多得滿處都是鬼了？應該是人人皆可處處見鬼，為何事實上卻並非如此呢？我給的答案則要說：人死之後，可去之處，共有天、人、阿修羅神、餓鬼、畜生、地獄的六道，不必人死之後皆成為鬼，鬼死之後亦不必又生為人，其餘諸道的生死來去，亦是如此。依此道理可知，自古以來，鬼的數量，豈是累積而常存的呢？何況天地之元氣，本來是混沌無知的，人類如果真的是稟承此無知的元氣忽然而生，又豈能變成有知的萬物之靈呢？否則，草木也是稟承無知的元氣而生，為何是沒有所知的呢？

又如果說，人之貧富、貴賤、賢愚、善惡、吉凶、禍福等的差異性，皆是同稟於天命的話，那麼，天之賦命於人，豈會有貧者多而富者少、賤者多而貴者少、乃至禍者多而福者少的問題呢？假如說，多少之分的差別待遇，真的是在於天命，天又何其不公平呢？

況且世間尚有更多不合理的現象，例如夏之桀王、殷之紂王，不行王道而為貴人，有人雖然行為端正卻被視為低賤之輩，有人不守道德規範卻富可敵國，有人有道有德卻非常貧窮，有人逆上欺下卻事事吉利，有人義及雲天卻遭凶險，有人仁民愛物卻夭而不壽，有人暴戾凶狠卻能高壽，乃至有道者喪亡而無道者興隆。假如這些都是出於天意的話，天便是有意要使得無道者興而使有道者喪了。如果真的如此，天豈有福善益謙之賞、禍淫害盈之罰呢？又假如凡是禍亂與反逆，既都是由於天命，則聖人教誡我們要責怪人而不得責怪天，要問罪於物而不得問罪於命的說法，應該是不恰當的了！然而，儒家的《詩經》譏評亂政，《書經》讚頌王道，《禮記》稱道治民安上，《樂經》則號稱移風易俗，豈是為要遵奉上天之意而順造化之心的嗎？由此可知，專門偏執此儒教的人士，並未能夠究極人之根本源頭了。

第三章　斥偏淺——評析習佛不了義教者

釋迦佛的教法，由淺而深，簡略地說，可有五個次第，一是人天教，二是小乘教，三是大乘法相教，四是大乘破相教（前四在此篇中），五是一乘顯性教（後一在第三篇中）。

第一節　人天教

人天教乃是佛陀為了初心之人，說出三世業報及善惡因果的道理。說明人類若造上品十惡之業，死後墮於地獄道；若造中品十惡之業，死後墮於餓鬼道；若造下品十惡之業，死後墮於畜生道，因此，佛陀且說類於世間的五常之教（天竺國的世教儀式，雖殊異於中土，然其為了懲惡勸善而設，則無不同；亦不離此土儒家設立仁義禮智信等的五常之教，俾使人有德行可修。例如此國斂手而舉，彼國的吐蕃則垂手而立，皆為表示禮儀），令持五戒（五戒的不殺生是仁，不偷盜是義，不邪淫是禮，不妄語是信，不飲酒食肉則神氣清潔，有益於智也），修五常持五戒者，即得免墮地獄、餓鬼、畜生的三途，而生於人道之中。若修上品十善及布施持戒等的道德行為者，即得生於欲界的六欲天上；若修四禪八定的禪定工夫者，即得生於色界天及無色界天（題中未標明天、鬼、地獄者，由於三界九地各各不同，也無從見聞。凡夫俗士，尚未能知枝葉末節，何況有心窮及根本，故對世俗之教而言，姑且標題名為原人。如今於此，敘述佛經的義理，宜於具體條列）。故名之為人天教（至於造業，略有三種：一者惡業，二者善業，三者不動業；至於果報，亦有三種：一者現世報，二者來生報，三者後報）。依據人天教中，乃以業為此身命之根本。

現於此處，可以假設一番辯論曰：既由造作三類業因而受五道之身的果報，未知造業的是哪個人？受報的是哪個人？假如說是此人的眼、耳、手、足是能造業的，那麼初死之人的遺體，眼、耳、手、足猶在，何以不能見聞造作呢？假如說是此人的心造作了業，那麼何者又是心呢？若說是肉團的心臟，其實物質體的心臟，是長在身體的內部，又如何能夠迅速地進入眼睛及耳朵，而立即辨別外在所見所聞事物的是非呢？若不知是非好惡，又豈能有取捨的功能呢？況且肉質的心臟，與眼、耳、手、足，都是物質體，都是互相隔閡的，豈又能夠內外相通、運動接應，而得共同造業呢？如果說，僅是喜、怒、愛、惡的情緒，發動了身體及口舌，而造作種種業的話，喜、怒等情緒是乍起乍滅的，不是恆常不變的，當然亦無其實體，那又是以誰為主而造作諸業的呢？假如說，不應如此將眼、耳、手、足、身、口及心臟等的器官各別分析推論，只要說，那都是我人的這個身心能夠造業的話，那又要問：當此身已死之時，又由誰來受此苦樂等果報呢？如果說在死後另有身體的話，也有不通之處，豈有今世的身心造了罪業修了福業，卻令另外的後世的身心受苦受樂的道理呢？倘若如此，則此生修善營福的身心太委屈了，此生造罪作惡的身心又太幸運了。天下怎麼可能有如此沒道理的事呢？由此可以明白，但習人天教的人士，縱然相信造業受報之說，仍未通達人身之根本源頭是什麼。

第二節　小乘教

所謂小乘教，是說身體形骸的色，以及思慮功能的心，從無始以來，由於因緣之力而念念生滅，並且相續而無止盡。好像流水之涓涓不停，又像燈火之焰焰不斷。身與心暫時的假合作用，看來似乎是一體的，也似乎是恆常的。愚昧的凡夫不知此一身心乃是因緣的假合，所以執著此一身心以為是我，由於珍愛寶重這個身心假合的自我，因此而生起貪（貪名利以養我）、瞋（瞋違情之境，是恐侵害於我）、癡（計校度量而不合道理是愚癡的我）等三毒，三毒擊扣情意而發動身及口的機能，造作一切諸業，業既造成，即難逃其果報，於是接受五道的苦樂等身（別業所感者為受五道的苦樂之身），以及生於三界的或殊勝或陋劣等處（共業所感者為三界的殊勝處及陋劣處）。

對於所感受到的三界果報身，再執著它以為是我，復以自我的執著又生起貪等煩惱惑心，由煩惱惑而再造業、再受報。有了果報的身體，必然會有生、老、病、死的四相過程，在一期身命結束而死亡之後，又復受身出生。至於所處的三界，也會必然經歷成、住、壞、空的四劫過程，空劫過後，又是成劫（所謂從空劫而初成世界者，可以用如下的偈頌來說明：空界生起大風，廣傍無法數量，此風輪厚有十六洛叉，金剛不能摧壞，此名持界大風；光音天金藏雲，布及三千世界，雨如車軸下降，風阻不任流動，水深十一洛叉，開始成金剛界。次第有金藏雲，注大雨滿其內，先完成梵王界，乃至成夜摩天。風鼓清水而成，須彌七金山等，滓濁物為山地，四洲以及泥犁，鹹海外輪圍成。方名為器界立，時經一增一減，乃至二禪天福，享盡下生人間。初以地餅及林藤為食，後食粳米不銷，因此而有大小便利，以及男女二形差別，接著劃分田地，擁立君主，徵求臣佐，有了種種差別。經過十九次增劫滅劫，連前面所說的一增一減，一共二十增滅，總名為一個成劫。就此說法，可以討論的是：此所說的空界劫中，豈不是道教所指的「虛無之道」嗎？然而，道體其實是寂照而靈通的，不是虛無的。只緣老子或者是因為迷惑不知，或者是因為方便權巧而作的假設，乃為杜絕人類的貪欲，所以指空界為虛無之道。其實，空界中的大風，即是他們道教的混沌一氣，因此《道德經》要說「道生一」也。至於佛教所說的金藏雲，乃為氣形之開始，亦即同於《易經．繫辭》所說的「太極」也。至於雨下而不流，乃是陰氣凝結，當陰陽二氣相合，方能生成萬物矣。至於梵王界乃至須彌山的一段，即是道教所說的天也，滓濁之物為山為地，即道教所說的「一生二」矣。二禪天的天福享盡而下生人間，即是他們所說的「人」也！也即是他們所說的「二生三」，於此而儒家所說的天地人三才，全部齊備了。至於初以地餅林藤為食，乃至有了種種差別，即是他們《道德經》所說的「三生萬物」。這相當於中國古史傳說中的天、地、人三皇以前時期，即是穴居野食，未有刀耕火化的遠古期。但以那尚是個沒有文字記載的時代，後人代代傳聞而不明確，以致輾轉錯誤，而引生出諸家學者著書，設立了種種異說。佛教又以通力而明三千大千世界，不僅局限於大唐一國，所以內教外教所傳的經文，也不全相同了。以上是說的由空劫而到成劫，至於住劫，也要經過二十次增減。至於壞劫，亦會經過二十次增減，前十九次增減，陸續地壞掉有情眾生界，最後一次增減，壞掉器世界；能壞的力量是來自火、水、風等三大災。壞盡之後，便進入空劫，空劫亦經歷二十次增滅，在這期中，空無世界，也空無一切有情眾生。（譯者註：這是每一個宇宙體的現象），如此這般地劫劫生生，輪迴流轉，相續不斷，無始無終，就像是汲水的井上滑輪，輾轉往復了無已時由於道教的學者，只知道如今這個世界未成之時的一度空劫，故云「虛無」，故云「混沌一氣」等，名為「元始」，殊不知在此空界以前，早就經歷過千千萬萬遍的成、住、壞、空了，乃是終而復始的。因此要知道在佛陀的教法中，就是如上所說小乘的淺淺之教，已經超越外教經典的深深之說了。

都是由於他們不了解此一身命，本來不是我。為什麼不是我呢？告訴你說：此身命之本，是以色、心二法，和合而成的假相。現在且來推尋分析一下，這個構成我的因素，色法有地、水、火、風的四大，心法有受能領納好惡之事謂之受、想能取像者謂之想、行能造作者念念遷流謂之行、識能了別者謂之識的四蘊。

如果這些四大四蘊都是我，即成為八個我了。何況在地大中，復有眾多個項目，例如骨骼有三百六十段，一一各自成一個單元，又如皮、毛、筋、肉，肝、心、脾、腎，也各不相是。至於心法的諸心所等，亦各不同，例如見不是聞，喜不是怒，輾轉計較，乃至有謂八萬四千塵勞。既然有如此眾多的事物現象，不知當以何者做為定取我相的對象呢？如果說那些現象的每一個單元都是我的話，那麼，在一身之中，就該有百千個我了，豈不會由於主人翁太多而致紛亂不堪呢？但是，若離此色、心二法之外，又無別法可推尋我是什麼了。今若據此色、心二法來翻覆推尋什麼是我？終究都是了不可得。

既然如此，便能覺悟我們的這個身命，只不過是一個由眾多因緣和合而成的假相，根本沒有我們這個人的。那究竟是還有誰在貪？誰在瞋？又是誰在做出殺生、偷盜、布施、持戒的行為呢（此為知苦諦也）？

既知苦諦，此心便能不停滯於三界的有漏善惡業中（第一句為斷苦集諦）；便能專志於無我觀智的修習（第二句為修道諦）；以之而斷貪等煩惱，止息諸業，證得我空真如（第三句為證滅諦），乃至由此而證得第四阿羅漢果，灰身滅智，方斷一切苦而得解脫。

可知，若據這個小乘宗的層次所說，是以色、心二法及貪、瞋、癡的三毒，做為我們根身及器界的根本源頭了，不論是過去世或未來世，再也沒有其他的法可做為根本的源頭了。

現在此處，可設一問：若說經生累世，我人是以身為根本的話，它的自體，必須是沒有間斷的。可是人的五識，闕緣不起（根境等），意識有時不行（悶絕、睡眠、滅盡定、無想定、無想天），到了無色界天，已無四大，又如何持續此身而令世世不絕呢？以此可知，專於小乘教的人士，亦未能夠找尋到我身的根本源頭。

第三節　大乘法相教

站在大乘法相教的立場，宣說法界之內一切有情眾生，自從無始以來，法爾自然就有八種識，其中是以第八阿賴耶識為其根本識，由此而頓變成為根身、器界、種子，轉變而生七識，都是能變的八識所現，也是其自分所緣，其中都無實法。至於如何變的呢？說是由於我法與分別的熏習之力，諸識生起時，變現而似我法。由於第六、七二識被無明所覆故，緣此而執為實有的我及實有的法。猶如病患（重病心惛之時，見到異色人物），又如夢中（夢想所見），那不過是由於病患及做夢之力所致。重病心惛之時，心中似有種種外境的形相出現，夢時也會執著夢境中的外物為實有，醒來之際方知那只是夢中變出的，我們的這個身命，也是如此，是唯識所變，由於迷而未悟故，執為有我並有一切境界。由此起煩惱惑，而造種種業，以致淪於無窮的生死苦海已如前面的小乘教中所說，悟解如此的道理，始知我們的身命，是唯識所變，識為身命的根本源頭至於為何法相教是不了義的淺教，待到下一節的破相教中破斥。

第四節　大乘破相教

大乘破相教的設立，是在破斥前面所介紹的大、小乘教對於法相的執著，並且也隱密地顯示之後要開展出來的真性空寂之理，也就是說破相教是為一乘顯性教，做了準備破相之談，不僅僅是指般若部的經典內容，其實是遍在於大乘經典。此前的三教，是依一定的時間先後、次第說出的，此破相教，沒有一定說出的時間，乃是隨著眾生的迷執、偏執、淺執而隨時破斥的。所以龍樹立有共及不共的二種般若，共般若是使二乘人聞得萬有皆空之理而起信解，乃是為破二乘人的法執。不共般若者，唯有大乘的菩薩悟解，乃是為了密顯佛性。是故印度的智光及戒賢二大論師，各自皆立有三時教，指此破相的空教，或說是在唯識法相之前，或云是在唯識法相之後，此處則意取之後之說。

將要破斥法相教之前，故先設一詰難，問曰：所變之境，既是虛妄，能變之識，又豈會是真實的呢？如果說一有一無的話此下即以法相教的譬喻來破法相教，則夢想與夢想的所見物，應該是不一樣的，如果是不一樣的，則夢不是物，物不是夢了。醒來夢滅，而夢中所見之物應該是還在的。再說，如果物不是夢，那就應該是真的物了；假如說夢不是物，那麼夢中又以何為境相呢？由此可知，做夢之時的夢想與夢物，乃類似於能見及所見之不同，據此理論，則知乃是同一虛妄，都不是真有，諸識當然也是一樣，都以假託的眾緣和合，因此也沒有自性。所以在《中觀論》中有云：「未曾有一法，不從因緣生，是故一切法，無不是空者。」又云：「因緣所生法，我說即是空。」《起信論》則亦云：「一切諸法，唯依妄念而有差別，若離心念，即無一切境界之相。」經云：「凡所有相，皆是虛妄，離一切相，即名諸佛。」如此等經文，遍見於大乘經中。由是可知，心與境皆空，方是大乘佛教的實理。若約此心境皆空而窮究身命之根本，身命之根本是空，空即是身命之根本了。

現在再給一個詰難，問曰：此破相教既然說是心境皆無，那麼，知道這個無的又是誰呢？又如果說都無實法，又是依據什麼而現諸虛妄？況且眼前所見世間的虛妄之物，從未有一項是不依據實法而能生起來的。例如說，若沒有濕性不變之水，又從何而有虛妄假相之波浪呢？同樣地，如果沒有淨明不變之境相，又從何而有種種虛假之影像呢？又正如前面所說，夢想與夢境同屬虛妄，那肯定是對的，不過，虛妄之夢想與夢境，必然要依據睡眠的人，如今既然此人的心境皆空，不知道到底是依何而現有虛妄？由此可知，破相教，但能破情執，同樣也還未明顯真靈之性。

故有《大法鼓經》云：「一切空經，是有餘說尚有餘義未了。」《大品般若波羅蜜經》云：「空是大乘之初門。」

且將以上四教，輾轉對照來看，乃是前者淺而後者深。若雖依之學習而自知乃為不了義教，名之為淺；若依之學習，且執為了義教，即名為偏。所以是依據學習之人的認知態度，而云偏云淺也。

第四章　直顯真源——佛了義實教

這是第五教，名之為一乘顯性教的原因，是說一切有情，皆有本覺真心，它從無始以來，就是常住清淨的，就是昭昭不昧的，就是了了常知的，這個本覺心，亦名為佛性，亦名為如來藏，由於打從無始以來，久被妄想翳覆，所以有情不自覺知而但認得凡夫性質，因此耽著於煩惱結業，而受生死苦報。大覺世尊憐愍有情，說一切皆空；又開示有情的靈覺真心，說其清淨，全同諸佛。

是故《華嚴經》云：「佛子！無一眾生而不具有如來智慧，但以妄想執著而不證得，若離妄想，一切智、自然智、無礙智，即得現前。」接著便舉在一塵之中，含攝大千經卷的譬喻，以塵比況眾生，以經比況佛的智慧。同經的稍後，又有一段經文說：「爾時如來以無障礙清淨智眼，普觀法界一切眾生，而作是言：奇哉！奇哉！此諸眾生，云何具有如來智慧，迷惑不見？我當教以聖道，令其永離妄想，自於身中，得見如來廣大智慧，與佛無異。」

評論云：我等歷劫以來，未能遇見真宗，不解如何返回自己原有的佛性之身，但知執著虛妄之相以為我身，還甘願認定下劣的凡類幻質之軀為自身，或為畜生，或為人。今依華嚴至教，來考究此身，方自覺知，本來是佛。因此必須行依佛行，心契佛心，返還本源心地，斷除凡夫的習性，如《道德經》所說：「損之又損，以至於無為。」那便自然能夠應用無限如恆河沙，即名之曰佛了。因此，不可不知：不論是迷時的眾生，以及悟後的諸佛，都是同具一個本覺真心。這真是偉大而又絕妙的法門！至此才是探究人之根本源頭的至極之說然而，佛說以上的五教，或者是漸，或者是頓。若遇有中下根機的人，便是從淺至深，漸漸誘導接引，於是以人天善法的初教，令其遠離十惡業而住於十善業；次說第二小乘教及第三法相教，令其遠離染法而住淨法；後說第四破相教及第五顯性教，令其破相顯性，會權歸實，依於實教而修，乃至成佛；若遇到上上善根利智的人，便是從本至末，即是說，初開始便依第五的一乘顯性教，當下頓指一真的心體。心體既顯，便會自覺一切的根身、器界，無非是虛妄相，它的本來面目即是空寂。但由於迷而未悟，所以託真而起妄，必須要以悟真之智，斷惡修善，息妄歸真，妄盡之時，真源之心就究竟圓滿了。那就名為法身佛了。

第五章　會通本末——會前所斥，同歸一源，皆為正義

本源的真性，雖為此身之根本，身命之生起，還是有其因由的，不可能是無端地忽然就有了身相的。但由於前面各宗各教，均未了義，所以給予節節破斥，現在宜將本末會通，乃至儒教與道教，亦可同歸一源。

以下的首段，唯明第五一乘顯性教之所說，從後一段起，才會通其他四教，一一同歸一乘顯性教。如各段註所謂本末會通，是說原本唯有一個真靈之性，那是不生不滅，不增不減，不變不易的。由於眾生從無始以來，迷睡而不自覺知，由於這個真靈之性，被覆隱住了，故名為如來藏，依此如來藏而有生滅的心相。

以下這段，是將第四的大乘破相教，會通一乘顯性教，破此之前法相教所說的生滅諸相。（譯者註：其實是破析《起信論》所說的生滅諸相）所謂以不生滅的真心與生滅的妄想心和合，非一亦非異，名為阿賴耶識，此阿賴耶識，有覺與不覺之二義。

以下這段，是將第三的大乘法相教中會通，亦同所說依於不覺之故，最初動念，名為業相，又以不覺此念本來無故，轉變而為能見之識及所見之境界相出現了。又不覺此境界相是從自心的妄想所現，而執著以為定有，便名為法執。

以下這段，是將第二小乘教中會通，亦同所說由於執此等法故，遂見主觀的自己與客觀的其他，是彼此殊異

的，因之而生起了我執。執著自我相故，便對於順情諸境生起貪愛，欲求滋潤自我；並對於違情諸境，生起瞋嫌，唯恐給自我造成損害與困惱。由於這樣的緣故，愚癡的迷情，便持續地增長起來了。

（以下的一段，是將第一人天教中會通，亦同所說）由於愚癡之情輾轉增長，便生起殺生偷盜等的心神而造諸惡業，乘此惡業之因，便須接受果報而生於地獄、餓鬼、畜生道中。又有眾生，恐懼墮落三惡道中受苦，或因根性善良之人，便修布施、持戒的善業，彼等心神，乘此善業，運用死後的中陰生，投入母胎中。

（以下一段，是將儒、道二教會通，亦同所說）儒、道二教，謂以氣為根本，稟受天地之氣，而受人間身的體質（本段是以儒、道二教所說的以氣為本來會通）。由於氣而頓具四大，漸成諸根；由於心而頓具四蘊，漸成諸識。在母胎中十月滿足，出生為人，即是我們的這個身心。由此可知，身與心各有其根本，二類和合，方成為一個人，天人、阿修羅等的身心，也大致與人相同。

然而，雖由於引業而受得此一身心，又由於滿業的原因，出生之後，即有貴賤、貧富、壽夭、病健、盛衰、苦樂等的不同；由於前生時的或敬或慢為因，今世便感得或貴或賤的報應；乃至於前世仁者今生壽、前世殺者今生夭，前世施者今生富、前世慳者今生貧，類此種種別報，無法一一具述。是以在此一身命的過程中，或有人未作惡而自有禍事發生，或有人未修善而自有幸福降臨，或有人不仁而得長壽，或有人未曾殺生而竟夭亡等現象，皆是由於前生所造滿業已定之故。如果今世的所作所為沒有看到立即因果，應該知道是前世今生，自然而然的關係。外教儒、道二家學者們，不知有前世，但據現世的目覩，唯有執著自然之說了此段是會通道教的自然為本說。

復有人於前生中的年少時期修行善業，老年時期造作惡業，或者有人於前生中的少年時期造作惡業，老年時期修行善業，是故到了今世之中，少小富貴而享樂，老大貧賤而受苦，或者少小貧苦而老來富貴等。因為外教學者不知有前世今生的因果相循，唯執人生之否泰是由於時運此段是會通彼教所說的皆由天命。

然而，彼教的所稟之氣，若輾轉推究其根本，即是混一之元氣也。所起之心，若輾轉窮探其根源，即是真一之靈心也。若推究其實際而言，心外的確沒有別法，彼教所謂的元氣，亦是心之所變現，乃是屬於前述的「轉成能見之識」的轉識，所現之境界相，乃是阿賴耶識的相分所攝，是從最初一念的業相，分為主觀之心及客觀之境而成為二了。

此主觀之心，既是從細至麁，輾轉妄計，乃至造作了種種之業如前敘列。此客觀之境，亦是從微至著，輾轉變起，乃至出現了天地此天地即是彼教所說的始自太易而經太初、太始、太素、太極的五重運轉，至太極而生天地兩儀。彼教所說的自然大道，有如佛教所說的真性，究其實際，但是一念能變的見分。彼教所說的元氣，則如佛教所說的一念初動，究其實際，但是轉識所現的境界之相。

當業力成熟之時，即從父母稟受赤、白二氣，以之與業識和合，便成就了人的身命。依據這樣的道理，可知由心識所變現之境界相，乃分成二分，其中一分與心識和合的，即成為人，另一分不與心識和合的，即成為天地、山河、國土。天、地、人的三才之中，唯人是萬物之靈的原因，是由於跟心神相合之故。佛所說的內四大與外四大之不同者，正是這個道理了。可悲可哀的是，寡學之士，異執紛然而不達真性也。

我希望寄語學道之士：若欲成佛的話，必須洞明心識之麁細，以及五教之本末，方能棄末而歸本，方能反照心之源頭。當在六麁盡而三細除之時，便是靈性顯現，無法不達，即名為法報身佛，又能自然而然地應現無窮，即名為化身佛了。

《原人論》語體譯終

國家圖書館出版品預行編目資料

華嚴心詮：原人論考釋 / 聖嚴法師著 . -- 二版 .
-- 臺北市 : 法鼓文化 , 2023.09
面；　公分
ISBN 978-626-7345-01-6（平裝）

1.CST: 華嚴宗　2.CST: 注釋

226.32　　112010188

現代經典 9

華嚴心詮——原人論考釋

Commentary on The Origin of Humanity: Annotation on the Essentials of Huayan Thought

著者　聖嚴法師
出版　法鼓文化
總審訂　釋果毅
總監　釋果賢
總編輯　陳重光
編輯　林文理、李書儀
封面設計　謝佳穎
內頁美編　胡琡珮
地址　臺北市北投區公館路一八六號五樓
電話　(02)2893-4646
傳真　(02)2896-0731
網址　http://www.ddc.com.tw
E-mail　market@ddc.com.tw
讀者服務專線　(02)2896-1600
初版一刷　二〇〇六年一月
二版一刷　二〇二三年九月
建議售價　新臺幣三八〇元
郵撥帳號　50013371
戶名　財團法人法鼓山文教基金會—法鼓文化
北美經銷處　紐約東初禪寺
Chan Meditation Center (New York, USA)
Tel: (718) 592-6593　E-mail: chancenter@gmail.com